讓錢流向你的

超ズボラな人でも毎月3万円貯まる!「お金じょうずさん」の小さな習慣

原子習慣

“12堂致富課”

日常生活×投資理財×育兒養老

教你如何規劃人生各階段，超輕鬆存錢術

作者 市居愛 譯者 林姿呈

收入不斷減少，卻找不到可以節流的地方……
明明都有好好記帳，卻一直存不到錢……
因為養小孩太花錢，不得不繼續做自己討厭的工作……
擔心老後錢不夠用，現在花錢都綁手綁腳……
老公把重金砸在興趣上，動不動就亂花一大筆錢……

前言——允許自己「做不到」，才能成為「理財高手」

「如果成為有錢人，生活一定會過得更輕鬆……」

「只要財富自由，就可以自由自在地做自己想做的事……」

你是否曾經冒出這些想法呢？

十二年前的我，時常會這麼想。

「如果能多出三萬日圓，日子肯定會過得更輕鬆……」、「要是有錢，就可以不用工作，多花時間陪伴孩子……」、「多希望可以不看價錢，盡情地購買自己喜歡的衣服……」。

當時的我腦中無時無刻都是錢、錢、錢，心思永遠脫離不了金錢二字。但即使從早到晚都在努力工作，卻總是存不到什麼錢。

因為不管賺到多少錢，沒多久就又會全部花光，所以當然沒有半毛存款。當時的我時常感嘆：「到底為什麼會沒錢……」。

接著，三十一歲那年，我因為育兒與工作的壓力而罹患了梅尼爾氏症。過沒多久，我先生的公司也因為遭受雷曼兄弟事件的衝擊而宣告破產。孩子還小，夫妻兩人卻同時失業，陷入「沒錢」的人生谷底。

你好！我是市居愛。

現在，我的工作是一名理財顧問，負責接受人們有關金錢煩惱的諮詢，並且協助他們解決問題。目前為止，我所服務的人數已超過七千人。

第三頁所提到的各種煩惱，全都是來自於客戶的實際案例。

其實不光是來找我諮詢的客戶，這世界上為錢所困的人不可勝數。

根據某項調查顯示，受到新型冠狀病毒的影響，日本每三人便有一人薪水減少，以至於不得不節省開銷，動用存款以維持生計，可見事態相當嚴重。

除此之外，正在考慮「是否離職」的人也非常多。依據統計，令和二年

（二〇二〇年）的離職人數比例，是近九年來，首次超過錄取人數比例。

換句話說，**重新審視並調整自己的金錢流向，是個刻不容緩的課題。**

然而，儘管心知肚明情況有多危急，對於金錢的煩惱，許多人仍然不知該從何處著手解決，只能用和以往同樣的思維及方法來勉強過活。

「我要改變大家對於理財觀念的消極態度！」

秉持這股強大的意念，我決心提筆寫下這本書。

儘管我現在是個負責提供諮詢服務，幫助他人解決金錢問題及給予創業建議的理財顧問，但正如開頭所提到的，過去的我並不擅長理財。不僅如此，我的個性還超級懶散，滿腦子都是「想要更多的錢，但既不想工作，也懶得做財務管理」這種想法。

然而，在生病和夫妻兩人同時失業的危機之下，逼得我不得不好好面對財務問題。不過，因為我很懶散，所以只想先從簡單的地方開始，不想做太複雜困難的事，也不打算過於逼迫自己。於是剛開始時，我就只做了連這麼廢的我都能做到的兩件事。

第一件事是，**整理零散的錢財**。

關於這個部分，我所做的事情包括：

「錢包裡面只放一張精挑細選過的信用卡。」

「錢包不放提款卡，避免隨時都能領到錢。」

「把原本六十多張的集點卡，精簡到只剩三張。」

接著第二項，我開始**允許自己不用事事力求完美**。

詳細內容請見第六十頁的〈不把自己的原則強加於人〉。當年的我，也曾被困在許多「必須這麼做」的刻板印象之中。

「必須好好記帳。」

「必須遵守預算。」

「必須要買保險。」

「必須存下孩子的教育基金。」

我當時受困於這些想法之中，無法原諒做不到的自己。

但是，後來我決定原諒做不到的自己，允許自己做不到某些事，並專注於自己能做到的事情上。沒想到，家中的經濟狀況竟然漸漸開始好轉。

不僅三個月後，每個月都能存下三萬日圓，一年過後，我的年薪更是成長了三倍。現在，我有能力向諮詢者提供有關財務的意見，給予他們「明確的改善方法」，並且幫助他們排除「不必要的行為」。

本書中所倡導的**「理財高手」，並不是在金錢上力求完美。所謂的「理財高手」，是指不追求完美、不責備自己，而且總是笑口常開、以讓自己活得快快樂樂為最優先的人。**

沒有必要勉強自己去做自己做不到的事。請試著從本書中所介紹的**成為理財高手的二百五十四個小習慣中，嘗試執行你做得到的部分。**

當你成為理財高手之後，自然就能體驗到以下情況：

- 任何時候都覺得「沒問題」，不再為錢所困。
- 可以自由自在地使用金錢，不需為了省錢而綁手綁腳。
- 運氣開始變好，有更多的好機會降臨在自己身上。
- 心情始終保持愉快，每天都過得很開心。

這就是我希望透過本書，傳達給各位的「理財高手的最終形象」，也是懂得與金錢打交道的每個理財高手自然而然存在心中的想法。

閱讀至此，或許有些人會認為「只有你有辦法做到吧？」，或是「沒有收入或存款的話，根本不可能開始啊？」。

其實，各位會有這種反應很正常。

然而，當我請前來諮詢的客戶實際執行這些方法以後，他們身上確實出現了以下幾種轉變：

- 我現在可以向先生說出自己的真實感受，不需再為錢苦惱。（三十五歲的家庭主婦）
- 透過「輕鬆記帳法」，我每個月的伙食費都比以前少了一萬日圓。（三十九歲的上班族）
- 搭配手機APP的記帳軟體，現在我每個月都能存下三萬日圓。（四十二歲的上班族）
- 我開始做自己喜歡的工作，不僅收入增加，還有更多時間陪伴孩子。（三十二歲的自由業）
- 事先做好財務規劃，預計能為老年生活存到兩千萬日圓之後，現在的我終於可以安心地花錢了。（四十四歲的家庭主婦）

本書所介紹的方法，與個人收入多寡無關，是否擁有存款也不重要。

關鍵是放棄完美主義，允許自己放寬心。

為了笑口常開、常保好心情，以自己的感受為優先考量。

拋開對金錢的固有觀念，找出適合自己的價值觀與方法。

如此一來，即使毫無存款，任何人都能自然而然地每月存下三萬日圓，拋開對金錢的不安，而且人生一定也會越來越順遂。

因為這點非常重要，所以容我再強調一次。

理財高手從不追求完美。

允許自己做不到某些事，並將「常保笑容」視為首要任務。唯有這樣，你才能找到最適合自己的理財模式。

也就是說，沒有必要完美執行本書中介紹的所有方法。

從何處開始著手，也由你自己決定；做不到的事，就不用勉強去做。

無需追求完美，請試著從你認為自己或許做得到的地方開始。

如果各位讀者能在闔上本書時，踏上晉升理財高手的康莊大道，那必定會是筆者至高無上的榮幸。

讓錢流向你的原子習慣　目錄

第1章 理財高手的錢包篇

第2章 理財高手的人際關係篇

第3章 理財高手的焦慮緩解篇

第4章 理財高手的時尚篇

第5章 理財高手的工作篇

第6章 理財高手的整理篇

第7章 理財高手的家庭財務篇

第8章 理財高手的家事篇

第9章 理財高手的飲食篇

第10章 理財高手的育兒篇

第11章 理財高手的養老篇

第12章 理財高手的投資篇

日版工作人員

插　　畫——德丸ゆう

企劃&編輯助手——越智秀樹・美保（OCH—企劃）

第 1 章

理財高手的

錢包篇

1 將紙鈔整理對齊後再放入錢包

如果店員在找錢的時候，將紙鈔的上下左右與正反方向都排列得整整齊齊，相信你拿到手時一定會很開心。這樣的小小舉動能讓人感受到對方的用心，覺得自己受到重視。相反的，如果紙鈔排列得亂七八糟，多少也會覺得自己被人輕忽怠慢。

將紙鈔收納至錢包時，也是一樣的道理。一個人若是會將紙鈔方向排列整齊收納，通常代表他正處於心有餘力，能夠好好照顧自己的狀態。如果錢包裡的鈔票種類或擺放方式凌亂不堪，表示他說不定也是以同樣的方式對待自己。

身心俱疲時，這種情況在所難免；但如果我們能夠好好將紙鈔分類，並整齊排列的話，心中自然也會萌生謹慎用錢的心態。

2 把一萬日圓的鈔票放在錢包的「最前面」

有一種說法叫「把錢找開」。然而，當一萬日圓或五千日圓等大鈔被找開，成為一千日圓的小鈔後，我們很容易就會不自覺地隨意花錢。

因為當鈔票的幣值愈小，就愈方便使用。

所以建議各位把大鈔擺在錢包的最前面，以一萬日圓在前、五千日圓置中、一千日圓在後的順序排列。

如此一來，當你打開錢包時，第一眼就會先看見一萬日圓鈔票，一方面獲得「有錢」的安全感，另一方面也會產生克制的想法，努力維持原狀，不隨意把大鈔花掉。

3　鈔票依用途分開收納

除了把一萬日圓鈔票放在最前面之外，將紙鈔分成兩份也有助於防止過度消費。

首先，第一份是用於伙食費及日常用品等的生活開銷。

第二份則是自己的零用錢。

舉例來說，假設生活費是六萬日圓、零用錢是三萬日圓，那就把六萬日圓放在錢包前方的隔層，三萬日圓則收在後方隔層，並各別將一萬日圓鈔票放在最前方。這樣分開擺放的方式，會讓人自然而然地意識到要遵守每月預算。

如果錢包沒有隔層，不妨自己做出區隔，或是貼上標籤，都是不錯的方法。

至於錢包有錢就會忍不住想花掉的朋友，不妨將每月預算按週平均分配，每週一把該週的經費放入錢包。

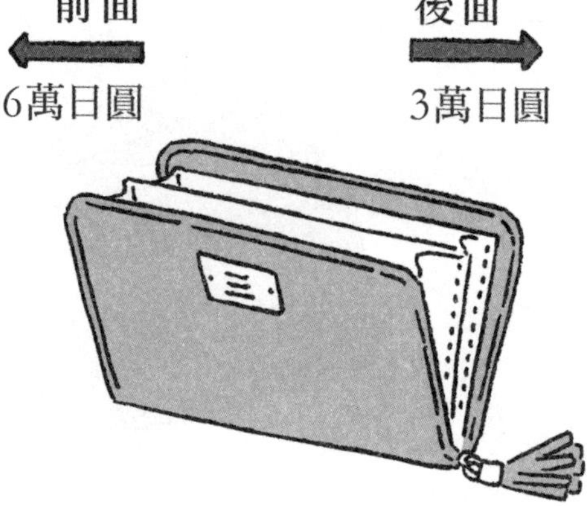

4 決定每個月放入錢包的現金金額

懶人如我，實在沒辦法做到記帳這件事。所以我決定用規定自己每月放入錢包的現金金額的方式，來替代手寫記帳。當我的生活消費以現金為主時，每月會攜帶九萬日圓的現金在身上；改以無現金支付時，每月則會在錢包裡放一萬日圓的現金。

至於錢包裡該攜帶多少現金，我會參考上個月使用現金與信用卡的情況來決定。查看存摺及信用卡明細，就能掌握自己每個月分別花了多少錢。

只要查詢上個月的支出，並把這些金額的現金放入錢包內，即使不記帳，也能有效管理財務。

5 假日時定期檢查並整理錢包

錢包就像一面鏡子，可以映照出持有者的內心。又多辦了一張信用卡、零錢包塞得鼓鼓的、錢包拉鍊被收據卡到……。這種時候，不光是錢包狼狽不堪，錢包主人的內心或許也正處於疲倦狀態。以前的我也是這樣。

建議大家盡量在放假時，將錢包從包包裡拿出來，好好整理一番，藉此調整心緒；如果放假時沒時間整理也沒關係，只要在想到時隨手整理即可。

定期整理錢包，自然就能知道現在還有多少錢，減少「沒錢」的焦慮感。

雖然這個行為看似微不足道，但小小的努力，必能帶來巨大成效。

6 減少錢包裡的「東西」

結帳時，明明後面還有一堆人在排隊，卻因為找不到集點卡而陷入窘境；付款當下猶豫不決，遲遲無法決定該刷哪張信用卡……各位在收銀檯前結帳時，是否也曾有過這些令人手忙腳亂的經驗呢？說實話，這種情況我以前經常發生。

之所以會發生這些尷尬的情況，是因為錢包裡包含了太多的資訊。人在視覺接觸到太多資訊時，會無法做出明智的判斷。

就算把護身符或詩籤等物品胡亂塞在錢包裡，也得不到神明的庇佑。建議把已經老舊或失去靈驗的護身符，歸還神社或寺院處理。當然，如果是嶄新或感覺還很靈驗的護身符，可以妥善地繼續收納在錢包中。

盡量減少錢包中的資訊量，保持良好的能量循環。

7　錢包裡只保留正在使用的卡片

整理錢包裡的卡片時，建議以「當下」為基準，將卡片分成兩類。

將錢包中的集點卡、信用卡、提款卡、駕照、健保卡等所有卡片取出，依序分成現在「經常使用」和「不常使用」兩種。

接著，錢包裡只保留「現在經常使用」的卡片。不知何時會用到，或是日後才有機會使用的卡片，建議存放家中、丟棄或保存在卡片夾裡。

錢包只擺放現在經常使用的卡片，頭腦也會變得更清爽，更能夠順利地管理金錢的出入。

8 經常使用的卡片放在最前面

就像重新佈置房間，藉以打造舒適的環境一樣，我們也希望錢包裡的空間能維持流暢的動線。所以在收納卡片時，配置非常重要。

首先，將經常使用的卡片配置在錢包前方，然後把不常使用的卡片擺在最後面。

至於信用卡或提款卡等用來消費和提款的卡片，建議存放在較為隱蔽的內側位置。

根據使用頻率的高低，妥善安排各種常用卡片的擺放位置後，其他卡片即可自行決定排列順序。

9 不用集點卡，改以APP累計點數

點數不集，未免可惜。但如果把所有店家的集點卡都放入錢包，很容易就把錢包塞得爆滿。建議利用智慧型手機的APP集點，無需使用實體卡片。

如果店家沒有提供ＡＰＰ，建議錢包裡只保留過去一年內曾取得現金回饋或兌換優惠的集點卡，其餘卡片就存放家中。超過半年以上未使用的卡片，不妨直接丟棄。

如果只是一味地累積點數也毫無意義，所以建議事先決定何時，以及如何運用累積的點數。例如月底用點數兌換外食、購買日常用品等等。如此一來，也無需擔心點數過期失效。

10　集中使用同一張信用卡

隨著生活型態的改變，你的身邊可能會出現許多不再使用卻捨不得丟棄的物品，比如懷孕前穿的鞋子，或是以前上班時使用的手提包等等。信用卡也不例外。

你手上是否有以前經常逛的百貨公司的聯名信用卡？或是以前因為常常出差，所以辦來專門累積里程數的信用卡？

如果同時使用多張信用卡，可能會無法掌握每張卡片的消費金額，增加餘額不足而無法扣款的風險，也無法集中累積點數。

建議篩選出這六個月來最常使用的信用卡，用不到的卡片，就和信用卡公司聯絡進行解約，拿起剪刀剪卡，心情也會格外爽快。

此外，只使用一張信用卡，支出會變得更明確，卡片帳單即可作為另一種形式的記帳明細。這對以信用卡支付所有生活費的朋友來說，可謂是將家庭支出流向變得一目瞭然的好方法。

11 輕鬆減少兩成以上支出的妙招

信用卡很方便，無需使用現金即可付款，但缺點是花錢的感覺較為薄弱，很容易不小心超支。

請試著勾選左側的檢查清單。

□每個月的支出大於收入，財務出現赤字。
□正在使用循環型信貸或分期付款的方式繳交卡費。
□曾使用信用卡預借現金。
□一整年的存款金額不到五十萬日圓。
□存款總額低於六個月的生活費。

只要這些選項中勾選了其中一項，建議你捨棄信用卡，回歸現金生活。

研究顯示，人們在購物時，大腦中掌管痛覺的區域會在使用現金時出現反應；但使用信用卡支付時，該區域的反應減弱，所以人們不太會有「花錢」的感受。

此外，調查指出，使用信用卡消費時，平均支出金額會比使用現金高出23%以上。換句話說，只要放棄使用信用卡，回歸現金生活，就有機會減少兩成以上的支出。

12　試著在錢包裡放入與信用卡帳單相同金額的現金

你能說出這期的信用卡費嗎？如果無法立即說出金額，建議最好還是回歸現金生活。

請試著將與上個月信用卡費等額的現金放入錢包，如果因此意外發現自己竟然花了這麼多錢，或許就該減少使用信用卡的頻率。

使用信用卡時，建議將支出額度控制在自己能夠馬上說出消費金額的範圍內。如此一來，才能減少亂花錢的次數，花錢花得心安理得。

13　無需強迫自己使用無現金支付

改用無現金支付，不再使用現金，會讓財務管理變得更加輕鬆。然而，不敢使用無現金支付，最終維持現金消費的人，肯定也不在少數。

我個人認為，沒必要勉強自己轉換成無現金支付的生活方式。無現金支付固然方便，但比起使用現金，更容易花比較多錢。

方便的事物總是會伴隨缺點，孰好孰壞，並沒有所謂的正確答案。所以請接受自己「維持現狀就好」的想法，無需被他人的意見或資訊所迷惑。這將使你更重視自己，也有益於金錢管理。

14　不把提款卡放在錢包裡

你是否有曾因為現金不夠，而驚慌地四處尋找自動提款機的經驗呢？我以前也是習慣在便利商店提款，但如此一來，只要身上一沒有現金就能去領錢，不僅會多花手續費，也存不了錢。

後來我決定不把銀行提款卡放在錢包裡，每個月只在發薪日當天提領一次錢。建立一套無法輕鬆領錢的機制，自然就會更留意錢包裡還有多少現金。

至於突然需要花錢的狀況，只需要如下一小節所介紹的〈準備緊急情況時備用的『三折大鈔』〉，就能即時應對。誠摯建議各位，每個月只使用一次提款卡，其餘時間就將之妥善存放在家中。

15 準備緊急情況時備用的「三折大鈔」

孩子突然發燒、臨時有聚餐……人生總是伴隨著各種突發狀況。所以身上不多帶點現金的話，很多人總會覺得沒有安全感。

然而，突發狀況並不會天天發生，不小心花掉多帶的現金倒是十分常見。

在此，我想推薦各位事先準備一張大鈔，將其折成三折，存放在卡片夾內側以備不時之需，也能稍感安心。

把備用鈔票存放在隱蔽的夾層，自然不會不小心花掉，減少又因亂花錢而感到懊悔的情況發生。

16 換個新錢包，注入新能量

錢包經過長久使用，不僅出現磨損脫線、變色的狀況，甚至還會變形，整體看起來破舊不堪。但以前的我，即使如此還是捨不得買新的來替換。話說回來，錢包大多很耐用，既不容易破洞，也不太會被人仔細打量，所以時常不知不覺地一直使用下去。

但是，正處於這個情況的朋友們，請大膽地為自己買個新錢包吧！

我和先生曾有一段時間同時失業。那個時候，我第一個檢討的就是自己的錢包。

那個可憐的錢包，上面沾滿手垢、佈滿斑點，光是看著就覺得難受。不可思議的是，換了新錢包之後，我對金錢的焦慮感減少了許多。每次拿出新錢包，就覺得它在對我說「你做得很好」。

事實上，我們時常在無意識中從物體接收能量。新錢包可以為你帶來新氣象，只是換個錢包，就能讓人覺得自己好像成為了一名真正的理財高手。

一切都從讓自己感到身心舒暢開始。讓新錢包為自己注入清新的能量吧。

17 挑選錢包的優先順序：尺寸↓形狀↓顏色

想換新錢包，卻不知道如何挑選適合自己的錢包嗎？這種時候，建議在心中依照「尺寸」、「形狀」、「顏色」的順序來進行篩選。

如果單憑一見鍾情或設計來挑選錢包，很可能事後才發現用起來不順手，或是無法順利收納在包包裡。購買錢包時，建議不要急著決定，好好享受挑選的樂趣，以免買完後才發現「好像不太對！」而感到後悔。

18 在包包裡選定一個固定的「錢包專用席」

翻開包包時，發現錢包沒關好，零錢散落在各個角落；或是翻了老半天，怎麼找都找不到錢包……這些看似微不足道的小事所累積的壓力，足以讓人對金錢產生煩躁感。

建議在每個包包內選定固定的「錢包專用席」，避免這類情況發生。

如果包包沒有內袋或側袋，建議另外準備一個包中包，以便收納錢包。有固定的擺放位置，就不會再發生因為找不到錢包而手忙腳亂的情況了吧！

19 用「我不喜歡這種錢包！」來進行篩選

錢包有許多種類、形狀以及顏色，總是讓人在挑選時感到眼花撩亂、難以抉擇。

想要挑選理想的錢包，不妨善用刪去法，以「我不喜歡這種錢包！」來決定方向。

如果你不希望紙鈔對折、討厭錢包本身太重，也不喜歡有明顯的品牌標誌或金屬配件，柔軟的布製長皮夾或許最適合你。

如果是不想再增加卡片、討厭錢包太過累贅，不用現金消費的人，手掌般大小的小錢包或許更適合你。

理財高手們堅決不做「討厭的事」，以及「會讓自己不愉快的事」。當你知道自己討厭哪些狀況後，就能逐漸釐清自己的喜好。

希望大家能重視自己內在「討厭」的感覺。

挑選錢包的條件清單

□卡片夾多／少
□拉鍊式／口金式／鈕扣式開口
□夾層多／少
□重量厚實／輕薄
□紙鈔對折／平放
□零錢袋大／小
□容易／不容易取出現金
□設計感十足／簡單
□皮革／布料材質
□喜歡全新／可以接受二手

20 啟用新錢包的黃道吉日

據說，十二月開始使用的「守歲錢包」，或是二月四日立春以後開始使用的「春錢包」，都能帶來好運。

「春錢包」指的是在冬至到立春這段期間購買，並在立春以後開始使用的錢包。這是取自日文中春天的諧音（與「膨脹」發音相同），期許錢包飽滿，帶來好兆頭。

至於「守歲錢包」的由來，據說是源自年關將至，通常會減少不必要的開銷，更容易存下錢財的說法。歲末同時是家中裡裡外外大掃除的時候，因此也是整理財務的大好時機。除了回顧當年度的支出和收入，不妨也將「準備新錢包」納入年終活動的一環。

另外，也推薦在初一使用新錢包。

每月的農曆初一，也就是新月當天，意味著新週期的開始。就像月亮從新月到滿月，逐漸充滿能量一般，「從現在開始，更要好好理財！」的決心想必也會更加強烈。

21 無損財運的舊錢包處理方式

根據風水的說法，可以用白布或白紙包覆舊錢包，在雨天時丟棄。據說這是因為白色可以淨化不良氣場，雨水則可提升財富的正能量。

丟棄錢包時，一同放下你對金錢的擔憂吧！

把所有的不安寫在紙上，並將那張紙連同錢包一起用白布或白紙包起來丟掉。輕聲安撫自己：「你很焦躁不安吧！對不起，從現在開始，你不必再擔心了喔！」。

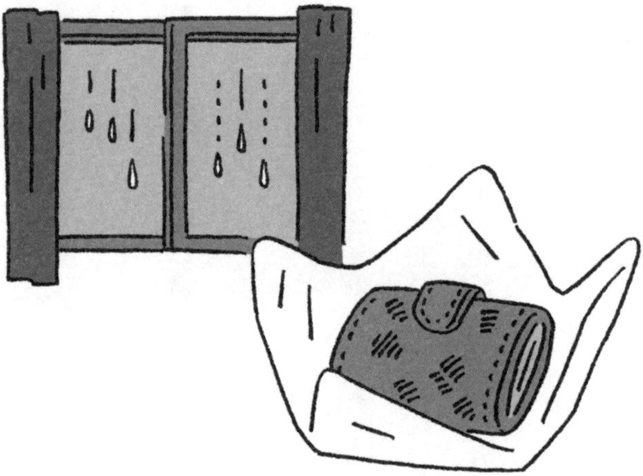

22 如果夢到錢包，正是面對金錢的大好時機

夢到錢包不見了！隔天早上起床時，想必你一定很想趕快搜尋夢的解析。但請等一等，與其用智慧型手機查詢夢的意義，不如先冷靜思考，自問為什麼會夢見錢包遺失呢？

關於金錢，你最在意的事情是什麼？

你從錢包遺失的夢，得到了什麼樣的啟示？

夢反映了連自己都未能察覺的內在心事。當你夢見有關金錢的事情時，不妨仔細思考夢境所要傳達的訊息，從中找出與金錢好好相處的最佳模式。

23 別把「沒錢」掛在嘴邊

你是否經常叨唸「沒錢」呢？以前的我也是這樣。

當你自認「沒錢」時，就會產生不安情緒，從而忽略自己「擁有」什麼。

你是真的沒錢嗎？就連一塊錢也沒有嗎？

一個人「富足」與否，並非取決於擁有多少財富，而是他能否滿足於自己當下所擁有的事物，因此感受到幸福。

當我們意識到現在的自己「有錢」時，就會開始感受到喜悅。

定期整理錢包，可以讓我們意識到金錢的「存在」，自然就能察覺到幸福「就在手中」。光是做到這一點，你就已經是一名理財高手了。

第2章

理財高手的

人際關係篇

24 無需勉強自己與「金錢觀不合」的人來往

人與人之間的相處，如果建立在彼此金錢觀念有明顯差異的情況之下，通常很難繼續維繫。不論是午餐餐廳的選擇、聚餐時所負擔的金額，還是旅行預算的差異，這些看似微小的摩擦，都會在日後的人際關係中產生隔閡。

若是發現彼此在金錢觀念上存在明顯差異，就沒必要勉強自己與對方繼續往來。最重要的是重視自己的感受，當你察覺到自己與對方的金錢觀念不太合時，在涉及金錢的場合，就應該與之保持距離。如果是夫妻雙方的金錢觀念不太一樣，建議透過商議的方式，把家計與個人開銷分開，建立一套互不干涉彼此用錢的模式。

或許你會因為無法配合對方而心生愧疚，但更重要的是你能否安心花錢，保持愉快的心情。

25 用「已經有其他安排」來婉拒不想出席的邀約

如果話不投機的朋友邀請你共享午餐，你會如何回應？你是否會想要編些理由，騙他你不能去……？

事實上，回絕他人的邀約並不需要編造任何謊言。再小的謊言，都會傷害到自己與他人。只需要簡單告知對方，自己已有安排即可。不論是做家事，還是獨自享受一人時光，都是名正言順的行程安排。

能夠優先考量自己的計畫的人，在時間與金錢上都會有所收穫。不妨當個誠實的人，誠摯地告訴對方：「謝謝你，不過我已經有安排了，不便出席。祝你玩得愉快！」。

26 現金「仔細包裝」後再交付他人

親手將現金轉交給他人時，另外用信封仔細包裝，可以讓對方留下良好印象。不論是每月的補習班費用、學校

理事會費，還是朋友間的帳務分攤，都可以先用素雅的和紙信封或迷你紅包袋包裝後，再把現金交給對方，以顯現誠意。

迷你紅包袋上大多繪有可愛圖案，不適宜用在長輩身上。如果對象是長輩時，建議使用一般素色的長型信封袋，避免將鈔票對折。這些都是身為理財高手的基本禮儀。

27 包紅包或送賀禮要大方

包紅包時，送出去的不只是金錢，更是傳達了自己祝賀對方的心意。所以別吝嗇，大大方方地送出你的祝福吧！如果因為財務狀況而減少金額，可能會失去對方的信任。如果以前曾收過對方的祝賀紅包，建議包同樣的金額回禮，藉以表達對當時的感恩之情。這可是表達心意的大好機會。

28 禮輕情意重

準備致謝或祝賀的禮物時，人們經常會猶豫，不知該選擇多少價格的物品較為合宜。然而，在準備禮物時，心意比價格更為重要。重點在於挑選禮物時，你付出了多少心思？你希望透過禮物，向對方傳達什麼樣的心意？這些都是在挑選禮物時，應該思考的面向。

此外，送禮時，不妨附上親筆寫下的字句，比如「我一直將你放在心上」、「真的很高興能夠認識你」等等。一張卡片或是字條，就能代替我們傳達超越價格的祝福。

29 回禮金額控制在禮金的二分之一至三分之一

結婚或生產的回禮，建議以所收到的禮金的二分之一到三分之一的金額作為參考。對方是為了祝賀才包禮，所以回禮時，應避免選擇過度昂貴的禮物，以免造成對方的負擔。

30 預設幾樣基本款的小禮物

有時，我們可能會突然需要購買小禮物來表達謝意，為此感到手忙腳亂。這種時候，如果能在心中事先預設幾樣基本款的禮物清單，就不會驚慌失措、拿不定主意。

五百日圓以下的小禮物通常不會讓收禮人感到壓力。建議贈送自己收到時會感到開心的小東西，例如獨立包裝且耐放的點心或者茶葉，甚至可以事先大量購買備用。但要注意，送禮時千萬別口無遮攔地多嘴一句：「我一次買了好幾盒，所以很便宜。」

無法當面送禮時，可以透過 LINE 或社群、電子郵件轉贈「虛擬禮物」，對方收到一定也會很高興。我認識的理財高手便經常使用星巴克咖啡或31冰淇淋的電子禮物卡。

31 接受他人款待時，在當天致上謝意

別人請吃飯時，有些人會在結帳時，機靈地拿出錢包詢問「多少錢呢？」，這樣的舉動通常會給人留下「有禮數」的好印象，因為他表達出了亟欲付錢的意願。

有些人則是什麼都不表示，一副對方請客是理所當然的態度，或是怕干擾到對方結帳而默不吭聲地自行先走出店外，但這些其實都是非常不禮貌的行為。如果在櫃檯結帳時，對方表示「今天我請客」，被請客的一方應該立即表達謝意，稍微退開一步，靜待對方完成結帳。

此外，記得當天傳送致謝的訊息，也建議在隔天再次表達謝意，並簡單分享個人心得，像是「很棒的一間店」等等。懂得感恩的人，總是人財兩得。

32 聚餐時，酒錢另計

聚餐時，如果用ＡＡ制計費，飲酒與不飲酒的人應該會有金額上的差異。

因此若是同桌有不飲酒的朋友，建議主動提議：「我有喝酒，所以我多出一點。」；如果是多人聚餐，也建議跟周圍的人提醒：「沒有喝酒的人，費用應該少收一些。」

多為不喝酒的人設想，採取體貼的行動吧。

33 不借錢給他人，也不做保證人

朋友或親戚可能會拜託你當他的保證人，或是跟你借錢。但是，不管關係再怎麼親密，都強烈建議各位不要與他人有金錢借貸往來，也不要為他人做金錢上的擔保。

語氣堅定地拒絕對方：「我爸媽有交代，不可以幫別人做擔保。」，或是說：「我也沒有多餘的錢可以借你。」

雖然無法借錢給對方，但可以和對方一起想辦法解決問題。像是尋找保證人代理服務（譯注：提供就業、租賃、獎學金、住院、緊急連絡人或結婚證人等服務項目），或建議對方向政府、自治團體等安全有保障的單位借款，從旁協助對方克服難關。

協助對方靠自己的力量解決問題，才是真正的體貼。

34 遇到困難時，主動向人求助

財務出現困難時，請不要獨自承擔。如果因為怕丟臉或擔心造成別人負擔，而不敢找人商量，你只會把自己逼得更加緊繃，甚至陷入絕境。要是因此不幸發生意外，親朋好友也會因為你的隱瞞而感到受傷。

不過，有些煩惱確實很難向家人或朋友坦白。

例如「不幸與無良業者簽約」、「收到來歷不明的高額帳單」、「誤入多層次傳銷」等等，如果遇到這類難以向親朋好友啟齒的問題時，建議撥打電話向消費者保護會尋求協助。消費者保護會在全國各地皆設有諮詢窗口。

此外，撥打消費者保護專線「188（編註：台灣為1950）」，會有專人協助轉介聯繫地方政府設立的消費者服務中心或消費者諮詢單位。

如果家人或朋友遇到經濟困難，建議多幫他加油打氣，讓他知道「不需要一個人苦惱，說出來大家一起想辦法」。無論是何種立場，只要鼓足勇氣、採取行動，一定會看到不一樣的未來。

35 「早上」是談錢的最佳時機

先生下班剛回到家時，就立刻找他談錢的事，結果夫妻倆大吵一架。不少前來諮商的客戶都曾遇過類似情況。

談錢的時機很重要。原則上，建議各位把時間安排在中午以前，而且最好是沒有工作的假日早晨。

夜晚，大腦通常已經相當疲憊，判斷力也相對遲鈍。此時副交感神經啟動，身心都變得鬆懈，原本壓抑的情緒更容易爆發，所以很難心平氣和地進行討論。

如果安排在假日早上討論，討論後還有時間可以針對內容付諸行動，例如確認保險文件、整理銀行存摺，馬上就能落實行動。

36 用「喔，對了！」來開啟尷尬話題

談錢不是件容易的事，我以前也很不喜歡這類話題。這時候，有一句很好用的起手式，可以減輕雙方談錢的心理壓力，那就是「喔，對了！」。

「喔，對了！我們還沒談到費用。」

「喔，對了！上次忘記跟你請款。」

用彷彿突然想起的方式提起話題，可以避免讓對方感覺到不愉快。這種方法不僅適用於夫妻之間，對工作夥伴或朋友也非常實用。從今以後，就用「喔，對了！」來開啟尷尬話題吧！

37 主動與伴侶談錢的事

討論金錢話題的基本原則，就是主動出擊。不要一味地等待對方行動，自己率先打開話題。例如，當你想了解先生的財務狀況時，不妨先分享自己的開銷：「上個月我買了件大衣，所以支出增加不少。你呢？上個月大概花了多少錢呀？」。

有話說不出口，這種如鯁在喉的鬱悶，只會讓人痛苦萬分。所以謹記，談錢的事，永遠都要由自己主動。我們無法讓他人按照自己的想法行事，但可以讓自己照著自己的意願行動。

38 先閒聊緩解緊張氣氛後，再來討論大筆支出

小額費用可以用「喔，對了！」當作打開話題的起手式，但這個方法可不適合用大筆金額。畢竟突然提起一個可能嚇到對方的龐大數字，稱不上是體貼的舉動。

當你想與對方討論的金額較高時，建議先扮演「傾聽」的角色。在對方願意分享工作、朋友、喜好等話題的時候，與他面對面、用心傾聽，用眼神鼓勵他繼續分享，建立彼此心靈的交流。

如果是家人等親密的關係，且平常就有維持交流互動的習慣，通常只需要預留三天左右的時間，持續平日裡的日常交流模式，就可以準備切入大筆金額的議題。

如果對方十分忙碌，平時很少有時間交談，建議預留一週的準備期，善用假日裡難得的休閒片刻，增加雙方的日常互動，建立心靈上的交流。

當你覺得時機差不多，是時候輪到你切入正題時，請誠實地傳達你的意見、想法和感受吧！

39 談錢的黃道吉日

談錢之前，察覺對方的「精神狀態」，也是一件很重要的事。感受對方散發出來的氣息，了解他當下是處於疲倦還是充滿活力的狀態。

如果對方沒什麼精神，自己就也跟著維持平淡的情緒；如果對方精神充沛，或許就能試著展現活力。說話時，也不妨配合對方的語調或音量來調整。當你能像感受天氣好壞一樣，習慣性地察覺對方的精神好壞時，就能立即知道今天是否是與對方談錢的黃道吉日。

40 談錢流程：分析現況↓表達感受↓尋求協助

「小孩還得繳學費，你怎麼可以花錢買衝浪板？」

突如其來當著對方的面拋出財務管理問題，會讓對方覺得自己正受到責備。這種情況下，雙方通常很難進行良好的溝通。

在與對方討論金錢相關的事情時，建議用循序漸進的方式，「分析現況」↓「表達自己的感受」↓「尋求對方的協助」，才能讓話題得以順利進展。

「明年三月以前必須幫孩子準備一百五十萬的學費，但根據現在的情況，我很怕到時候錢存得不夠，希望你能和我一起想想辦法，好嗎？」

在家人或夫妻等長期相處的親密關係中，反而很難用禮貌的方式進行溝通，或是提出要求。特別是男性，往往容易將「金錢」與「自身價值」畫上等號。有時他們比想像中更容易因錢的事情而感到受傷。所以，建議盡量用溫和有禮的方式表達意見。

41　難以啟齒的話題「委婉」表示

先生或太太可能即將面臨失業，或是有離職的想法。這時候，建議避免直接與對方正面交鋒，改從反面或者從旁切入討論。不妨找機會和對方提議：「我幫你按摩一下肩膀？」或是「我幫你揉揉背？」，身體放鬆了，心靈自然也會跟著放鬆。這時就能一邊溫柔地幫對方按摩，一邊聽他述說自己的想法。

當我們遇到財務問題時，往往會感到不知所措，急著找出解決問題的答案。但若是匆忙地下結論，可不見得是件好事。建議給予雙方時間，加強彼此心靈連結。這將有助於你寬恕對方、寬恕自己。

42 不把自己的原則強加於他人

如果你經常為錢與家人爭吵，建議檢視自己是否在金錢上過於鑽牛角尖。

為了存錢，必須記帳。

為了省錢，必須削減伙食費。

當你把這些「必須做的事」視為規定和信念，很容易開始逼迫他人也必須遵循，也很容易會在對方無法遵守時感到惱怒。

我以前也曾執著於「必須好好理財」這件事，而且對於無法做到這一點的先生感到厭惡。

「明明現在家裡經濟拮据，他怎麼還能那麼悠哉地玩樂？」

「明明已經講好零用錢的預算，他為什麼就是無法遵守？」

一味地將自己認為正確的觀念強行加諸在他人身上，逼迫對方也要做到。

然而，當時我最痛恨的，其實是無法完美管理財務的自己。自從我意識到這一點之後，我開始學習承認自己做不到、允許自己不完美，這才慢慢找回心靈的平靜。

如果你曾經為了錢和其他人吵架，不妨想想自己內心是否存在某種「必須這麼做」的堅持。

43 無意出席時，儘管婉拒他人的邀約

理財高手總是會將自己的內心感受擺在優先順位，所以不會在人際關係中感到迷惘。

即使有人邀請共進午餐，無意出席時，理財高手便會巧妙地婉拒；不僅如此，理財高手也能抓住正確時機，與先生討論金錢的話題。

同時，理財高手還懂得為他人設想，尊重對方的感受，並且誠實傳達自己的想法，且不會強迫對方接受。

稍微用點心，替自己和對方著想，讓雙方都能保持愉快的心情，才是真正的理財高手。

44 不把邂逅只當作是場巧合

我所尊敬的理財高手不會把偶然的相遇當作是一場巧合。

碰上令人喜悅的邂逅時，他們會用自己的方式詮釋其中的意義。例如剛剛出現在話題中的人物碰巧打電話過來；外出購物時，遇到了想見的人……這些偶然的相遇，都預告著好運即將到來。金錢和運氣都是源自人與人之間的邂逅。

不要錯過任何一次讓你心動的巧合。試著採取行動，主動排再次見面或交換聯絡方式，創造彼此的連結。偶然的相遇，說不定能帶領你前往意想不到的世界。

第3章

理財高手的

焦慮緩解篇

45 起床後不要立刻滑手機

你是否已經養成習慣，一早醒來立刻打開手機，查看電子郵件、LINE或社群網站呢？我以前也是這樣。但這樣一來，你的一天就會從接收他人的意見、主張及想法開始，最重要的自己反而被拋在腦後。

請把早上的第一件事，留給與自己的內心對話。「我希望今天會是怎麼樣的一天？」，在床上想像最美好的一天，幫助自己開啟一扇良好的大門。這會使你優先考慮自己的感受，勇敢地與金錢面對面。

46 檢視財務之前，不妨先「活動身體」

散步、做體操或揮動手臂，活動身體有助於培養面對金錢的正面心態。當身體輕盈、活動自如時，我們的心靈也會感覺精力充沛、充滿活力。

如果沒有足夠的精神和體力，我們不可能會有多餘的心思去思考如何節省伙食費、保險是否需要解約，或是查詢房屋轉貸這類複雜的金錢問題。活動身體，也有助於啟動精神煥發的引擎。

來吧！試著活動肩頸，在處理金錢的問題之前，先出門散散步，讓身心都能蘊蓄良好能量。

47　與社群媒體保持距離

看著朋友在社群媒體上分享精彩熱鬧的生活而感到羨慕無比，覺得自己過得好淒涼。我以前也經常出現這樣的想法。這時候，請盡量遠離那些會讓自己心情低落的人事物。

關閉社群媒體的通知、刪除ＡＰＰ、將手機關機，或乾脆把手機收放到櫃子深處。多設幾道關卡，讓自己無法輕易接觸社群媒體，主動遠離。

即使平時為了工作，必須使用社群媒體，也請試著果斷地戒掉社群媒體一個星期。一週之後，你就不

會再因為別人的貼文而喜怒無常，只專注在自己身上。戒掉壞習慣，自然就會減少陷入沮喪的情況。

48 每天對自己說一分鐘的好話

在我沒錢也缺乏自信的那段日子，我會出聲朗讀自己喜歡的句子。

「做自己就好。」

「我愛我自己。」

「相信直覺、勇往直前。」

「所有答案都在我心裡。」

「夢想必定會實現。」

這些都是當年我從書上蒐集下來的句子。就時間來說，唸完這些句子大約花不到一分鐘。我把這些自我鼓舞的話語貼在牆上，每天早上起來，就先唸給自己聽。

言語存在力量。即使是無精打采的時候，只要閱讀、書寫或說出這些充滿正能量的話語，就能讓自己打起精神。

翻開喜歡的書，蒐集讓自己最為心動的句子吧！這些文字終將成為支持你內在的能量。

49 感謝祖先庇佑

我所敬重的理財高手，都非常重視自己的祖先。因為他們深刻了解，前人的存在，才造就了我們今日的生命，這是極其珍貴且無可取代的。

找個時間去掃墓吧！如果不方便前往，不妨在家中供奉祖先的照片。僅僅是雙手合十、緬懷祖先，就能感受到一股無形的巨大力量正守護著我們。

即使有些金錢上的煩惱，也要堅定

地活下去。如果能這樣想，財務方面的擔憂必定也會逐漸減輕。

50 寫下關於金錢的煩惱

如果碰到金錢上的煩惱，請試著在筆記本中寫下自己的真實感受。不用在意詞藻優不優雅，也無需完整表述，只要把心中的想法和感觸一五一十地紀錄下來。

據說，如果每天花十五分鐘寫下負面想法，雖然連續四天後，會短暫加劇心中的負面情緒，但長遠來看，則具有減輕壓力的作用。

寫下不安的感受，並加以客觀評估，有助於恢復內心的平靜。釐清原本模糊不清的金錢煩惱，可以讓我們了解自己，更愛護自己。這本紀錄內心焦慮的筆記本，將會成為自己最好的傾訴對象。

51 釐清金錢煩惱的「四個自我提問」

在筆記本上寫下金錢煩惱時，不妨採取問答的形式。例如，請試著回答下列四個問題：

①你現在在想什麼？
②你真正擔心的是什麼？
③為什麼會那麼在意這件事？
④你想怎麼做？希望事情如何發展？

透過自問自答的方式，引導出內在的心聲。

有時，即使面對問題，一時之間也無法得出答案。這種時候，不妨如實地紀錄當下的感受，「我不知道」、「這太難了」、「我受夠了」，這些也都是重要的回答。

52 釐清你的金錢煩惱是來自「過去」還是「未來」

金錢煩惱通常可分成兩種類型，一種是「源於過去的煩惱」，另一種是「對於未來的不安」。

「源於過去的煩惱」是來自過往記憶所產生的焦慮。

過去因為自己或家人揮霍無度而吃盡苦頭的人，可能對「花錢」這件事感到不安；曾經遲遲找不到工作而備感痛苦的人，可能會害怕「如果收入減少，或又失業沒有收入怎麼辦？」。

另一方面，會對未來感到不安，則是源自於對未來的負面想像。害怕「老了以後可能會沒錢」的人，可能對「現在花錢」這件事感到焦慮；擔心「孩子的教育資金可能不夠」的人，會對無法順利省錢的現況感到苦惱。

你對於金錢的煩惱，大多數是來自過去還是未來呢？請試著找出自己究竟是對已發生的事感到後悔，還是容易對未來充滿的不確定性感到焦慮。

過去的事不一定會在未來重演，「過去過得很辛苦，所以未來也一定也一樣」，這種想法只是一種臆測。

請找出自己焦慮的根源，減少不必要的臆測和負面想像。

53　試著回想父母的理財觀念

許多人會對談論金錢感到不自在，「不想談錢的事」、「談到錢，就會跟家人吵架」。

這種不自在的反應背後，大多隱藏著對金錢的負面回憶。特別是父母的用錢習慣，可能會對你現在的理財方式有著非常大的影響。

你的用錢習慣是否和父母如出一轍？

抑或是完全相反呢？

例如，母親在陪父親購物時，總是一臉不高興，有著這般回憶的人，看到先生自由逛街購物的身影，可能就會不自覺地感到不耐煩；而對於從未見過父母討論金錢的人，可能就會不知道該如何與他人開口談論金錢。

了解自己為什麼不善於談錢，釐清其背後所隱藏的原因，有助於找出自己的用錢之道。

54 思考「最壞情況」時的因應對策

「失業的話該怎麼辦？」、「如果離婚，付不出孩子的學費怎麼辦？」……種種不安，會招來更多的焦慮。這種時候，作為緩解焦慮的方法，我建議各位不妨想像最壞情況，並仔細思考因應對策。

真的失業的話，要怎麼做才好？先去註冊各大求職網站嗎？或是試著聯絡曾有業務往來的公司，詢問他們有沒有缺人？還是嘗試全新領域的工作？如果離婚的話，可能會發生什麼事？要先開始找工作嗎？能拿到贍養費嗎？

思考最壞情況及相應對策，可以讓我們看到更多的選擇，藉機調整心態，準備接受各種可能的挑戰。

55 瞬間消除「想太多」的妙招

「想太多」會使人身心俱疲。不斷對過去的事感到後悔，或是想像根本還沒發生的未來而變得焦躁不安，都會磨耗精神。

在我還總是為錢苦惱的時候，曾在書店偶然翻開一本書，書中有這麼一段話：

「如果你想加重內心的煩惱，那就儘管安靜坐著，全神專注在那件事情上。……徹底消除煩惱最好的辦法，就是把你對煩惱的反應轉化成某種建設性的活動。透過採取行動，讓心思專注在活動上。哪怕只是稍微動一動身體，也能讓心靈得到喘息。」（引自Napoleon Hill. Think And Grow Rich. 拿破崙・希爾著，《思考致富》，臺灣最新中文版由世潮出版。）

讀完這本書之後，我下定決心不再庸人自擾。

當我又因為想太多，陷入煩惱的負面迴圈時，我會起身活動身體，讓自己專注在勞

動上，通常都能成功跳脫想太多的困境。

56 把錢花在讓自己「開心」、「愉快」、「舒適」的地方

當人們為錢所困時，總是會叮囑自己「不可以亂花錢」。然而，這種時候，不妨勇敢地把錢花在能讓自己感到開心的地方，來減緩心中的焦慮吧！

買貴一點的冰淇淋，或是去咖啡廳，不管價錢，點自己想吃的餐點。當我們覺得「花錢」是一件令人開心、愉快、舒適且有意義的事情時，就能加深自己對金錢積極且正向的態度，自然而然減少亂花錢的次數。

試著稍微把錢用在讓自己開心的地方。哪些事會讓你心情愉快呢？不妨今天就滿足願望吧！

57 「施」比「受」更有福

有一個方法可以幫你實現願望，那就是「先把你想要的東西付出給他人」。如果想要錢，就先幫別人工作，幫他賺錢；如果想要禮物，就先送出禮物；如果想要獲得他人的愛，那就先主動去愛。

把自己希望得到的東西付出去給他人後，不可思議的是，我們自己也會從中獲得滿足。

自己所付出的東西，最終都會回到自己的身上。建議帶著關懷他人的心，先從主動「付出」開始做起。

58 自由自在地花錢，不必在意他人眼光

「不想被人當小氣鬼」、「想被人看得起」、「不想被人以為沒錢」……若有這些想法，很容易就會為了滿足自己的虛榮心而購買並不需要的昂貴物品，我以前也總是這樣。

然而，人們並沒有你想像中的那麼在乎你擁有哪些名牌、買了什麼東西。「可能會被當成小氣鬼」，有這種想法的人，也許是你自己。

當你在意他人的眼光時，不妨傾聽自己內在的聲音，或許就會發現，你所以為的「他人目光」，其實來自於你自己。

59 追求「有錢沒錢都快樂」的人生

渴望「擁有更多金錢」固然重要，但太過執著也不好。

神奇的是，當人們越是想要得到錢，通常反而會離錢越來越遠。之所以會這樣，是因為剛開始雖然只是個單純的願望，但如果二十四小時都只想著這件事，那麼願望就會轉化成一股執念。

執著於來自「不滿足」的匱乏感，越是覺

得不夠，越希望能擁有更多。如果能將心態調整成「願望實現的話，我會很開心；但是即使沒有實現，我也還是一樣快樂。」，相信願望自然就能實現。

60　不追求完美

完美主義，通常指一個人凡事不放棄、堅持不懈，努力到底。這聽起來很正面，但實際上，完美主義正是讓人遠離幸福的主因。

因為在這世上，世間萬物都不存在所謂的「完美」狀態。如果一個人力求完美，他永遠只會覺得「不夠完美」。

完美主義者無法認可自己。

因為他們會不斷提高自己設定的目標，「不應該是這樣」、「可以做得更好」、「我不滿意」，除非達成目標，否則永不滿足。

然而，追求完美非常消耗精力，越是想做到完美，就會耗費越多時間，原本「想做」的熱情也會隨之消失。

盡力而為之後，就不要再糾結了。把金錢和精力用在你認為「美好」、「喜悅」的事物上。

61　允許自己做不到

「允許自己做不到」這句話聽起來簡單，但你可能會不自覺地對此產生抗拒。「為什麼我無法允許自己做不到？」、「為什麼我對自己這麼嚴格？」，畢竟有些事，即使理智上明白，內心也可能難以接受。

這時，你不需要去否定那個「無法允許自己做不到的自己」，勇敢接受自己「我就是做不到」、「我就是對自己嚴格」、「我就是悲觀」……當你開始接受自己就是這樣的人之後，你也會開始「放過自己」。

懂得「放過自己」的人，並非不會自我否定，而是連「這個會自我否定的自己」都能坦然接受。

62 用三句「感謝」結束美好的一天

在一天結束時，試著回想三件值得令你表達感謝的事。

「謝謝今天是好天氣，讓我有機會散步。」

「謝謝朋友今天陪我聊天。」

「今天泡澡泡得好舒服，真是感謝。」

透過回想對他人或對自己感謝的心情，可以讓我們察覺內在的充實與滿足。

不妨躺在溫暖的被窩裡，回顧今天這一整天，並帶著感恩的心進入夢鄉吧！

63 人人都有自己的金錢煩惱

人人都有金錢煩惱。如果你現在正為金錢所苦，你要知道，這是所有人都會感受到的痛苦，只不過每個人有不同的處理方式而已。

有人希望透過記帳改善、有人打算停用信用卡，有人思索如何節省伙食費，也有人決定重新檢視保險合約。

解決方法因人而異。感覺焦慮不安，並不一定是壞事。記得對自己寬容、善待自己，找出緩解焦慮的方法。

第4章

理財高手的 時尚篇

64 取消社群媒體及電子報的追蹤與訂閱

查看欣賞的模特兒或心儀品牌經營的社群媒體，總是令人感到開心。但若是太容易受到影響，就會因此產生慾望，渴望得到他們所穿戴的商品。如果發現自己因為查看社群媒體，導致衝動購物的次數增加時，建議最好取消追蹤。另外，也可以試著減少訂閱店家優惠資訊的電子報。

過多的外來資訊，容易讓我們迷失自我，無法判斷什麼才是最重要、最合適，以及真正想要的東西。

減少資訊，可以讓我們釐清自己真正渴望的事物以及理想的未來。

65 實際掏錢購買前，先列入「慾望清單」

「下班回家的路上，偶然看見某件洋裝，上面彷彿寫著我的名字！」，遇到類似情況時，先讓自己冷靜一下，靜下心來思考。那件洋裝上真的寫有你的名字嗎？

當你發現自己非常想要某些東西時，建議先紀錄在手帳或筆記本上。比如心儀品牌的居家服、白色亞麻襯衫、朋友推薦的書籍等等，之後定期回頭檢視清單。一週後再查看清單時，或許就會出現「這個不需要」的想法。既然不需要，記得畫線刪除。

養成紀錄後再購買的習慣，可以有效預防衝動購物，只選擇自己真正想要的東西。

66 購買前，先上網比較價格

實體店面售價一萬日圓的靴子，在網路上不見得會以同樣價格販售。使用網路購物，並不是為了找到想要購買的東西，而是用來比較價格。

實體店面價格超過三千日圓以上的商品，購買前，建議先上網查詢。雖然多一道手續，但如果能用更實惠的價格購入相同商品，會讓人感覺更加划算。

67 遇見非常想要的商品時，先查看「負評」

當人們想要某樣東西時，往往會不自覺地搜尋好評，試圖蒐集能證明自己的觀點和感受是「正確」的資訊。這種行為傾向，在心理學上稱為確認偏誤（confirmation bias）。

當你想要某樣商品時，強烈建議也查看負評或其他消費者的真實意見。在閱讀評價的過程中，我們會變得越來越冷靜、客觀，「也許不如評價說的那麼好」、「感覺比想像中難用」、「評價雖然很高，但跟我想像的好像不太一樣」。

68 發現有興趣的商品時，先放入購物車

網路購物時，當你發現一些想要，但感覺用不太到的東西時，不妨先點選放入購物車。不要在當天下單，隔幾天再回頭查看，會變得比較冷靜客觀。

而且光是按下按鍵，把商品放入購物車的動作，其實就已經能讓人體驗到

滿足感。

69 不被「免運」所迷惑

網路購物時，「免運」無疑是個相當吸引人的優惠。然而，當店家規定必須滿額才能免運時，你是否曾為了湊到免運金額而額外添購了不必要的商品呢？這時，建議你先從購物車中刪除為了湊免運而挑選的商品，然後問問自己「願不願意付運費購買原先需要的商品」。

即使不在網路購買，附近的實體店面說不定也有販售。尋找其他購買途徑，也不失為一個好辦法。

70 試想「得花幾個小時的工資，才能買到這樣商品？」

當你想購買某件商品時，不妨自問「我必須工作幾個小時，才能買到這個？」，假設你的時薪是一千日圓，那麼你需要工作十個小時，才能購買一件價值一萬日圓的毛衣。

那件毛衣值得你為它工作十個小時嗎？

即使必須工作十個小時，也無論如何都想得到那件衣服嗎？

每月勤奮工作賺取的收入蘊含著自己所付出的精力。你想把這些寶貴的精力，運用在哪些地方呢？把你想要購買的東西價格，換算成自己的工時，也許就能更容易地分辨出自己真正想要的是什麼。

71 計算「穿一次的平均費用」

在購買衣服或穿搭配件時，不妨想想你會穿戴它幾次。如果能估算出大概的穿戴次數，就能計算「每次穿戴的成本」。

舉例來說，假設有一件三萬日圓的外套，你預計穿四年，一年穿二十五次，那麼這件外套總計會被你穿一百次。如此一來，你每次穿這件外套的所需費用就是三百日圓。假設一件五千日圓的毛衣、一年穿十次，則每次穿著的費用為五百日圓。

如此計算下來可以發現，一年內可以多次穿著的耐用衣物，即使單品價格高昂，平均下來也相對便宜。

猶豫是否購買時，不妨試著計算「使用次數」、「每穿一次的平均費用」來作為考量。

72　每件衣服至少要有「兩種以上」穿搭方式

買了新上衣，卻連一次都沒穿過就擺到過季……你是否也有過這樣的經驗呢？建議各位在買衣服前，先自問能否搭配出兩種以上的穿搭模式，再考慮是否購買。「這件適合搭配那件褲子嗎？配那件裙子好像也可以耶？」，試穿時，不妨想像與家中現有服飾的穿搭效果。

73 請店員協助搭配

如果新買的單品與現有衣物不好穿搭，很可能會在買下後不常穿戴。為了預防這種悲劇發生，不妨詢問店員如何與自己的現有衣物搭配。

例如：「我有這種類型的裙子，請問該如何搭配比較好呢？」，如此詢問，或許店員就可以提供與你的現有衣物類似的單品，讓你在試衣間裡與想買的品項一起搭配試穿。

74 告訴店員「目的」和「預算」

買衣服時，建議告訴店員你需要的衣服款式和預算。

如果一開始就清楚表達這兩點，可以避免「明明是要買工作時穿的裙子，結果卻買了平時穿的上衣」等烏龍事件發生。

此外，事先表示「預算一萬日圓，希望上衣和下身各買一件」，店員也可以在預算內幫忙搭配。

有時店員可能會提議：「這個預算可能無法一起購買上衣，但可以試試其他配件，或許能穿出不同風格。」

透過告知預算，可以預防過度消費。「這個店員真有品味！」，如果遇到眼光合得來的店員，不妨借助對方的專業，在預算內享受最棒的購物體驗。

75　不要再有「不買不好意思」的想法

如果麻煩到店員，總會不自覺地產生「不買不好意思」的想法。我以前也會這樣，但是，我們最需要重視的是自己的心情和金錢。「下次再來」、「我再想想」、「跟我想的不太一樣」……坦率地表達自己的想法，並不是件失禮的事。

如果你的耳根子比較軟，一被人稱讚就會忍不住購買的話，建議試穿後盡量避免走出試衣間，換回自己的衣服後，再向店員表示自己需要再考慮看看。

76 購買前一定要先試穿

在網路上買衣服固然方便，但經常發生到貨後試穿不滿意的情況。例如總覺得跟想像的不同；質感、布料或顏色與照片看起來不太一樣。也可能因為年紀增長，去年還很喜歡的顏色或設計，今年卻怎麼看都不順眼。

即使在網路上發現「可愛」、「好看」的衣物，也建議盡量去實體店面試穿。如果不方便去實體店，也請盡量選擇可以退貨的網路商店購買。

透過網路購買衣服時，建議只回購以前買過的商品比較安全。遵循「先試穿再購買」的原則，不僅可以避免失望，還能保護自己珍貴的金錢。

77 挑衣服時，「尺寸」比「設計感」更為重要

不分年齡，有些人就是備受矚目的「萬人迷」。有時覺得對方的穿搭很高明，上前詢問才發現其實購自優衣庫。這些善於打扮又精通購物的人有一個共通點，就是他們會挑選合身的衣物。

在試衣間試穿時，我們應該選擇的並不是多種不同款式的衣服，而是同一種款式、不同尺寸的衣服。

找出合身尺寸，自然就能穿出具有自我風格的時尚品味。

78 晚上八點以後不要購物

有些人喜歡在工作結束後上網購物，或觀看深夜的電視購物頻道。但是，誠心建議避免在晚上八點以後買東西。人類的大腦一天平均要做出九千次的決斷，所以到了夜晚，大腦已經疲憊不堪，容易做出錯誤的選擇。

如果非不得已必須在夜晚上網購物，建議先把商品放入購物車，隔天早上再冷靜地做決定。

79 絕不動用循環型信貸

購買高貴大衣或是名牌首飾配件時，各位是否會利用循環型信貸呢？循環型信貸是使財富和財運遠離我們的最危險的支付方式。非得使用循環型信貸才能購買的商品，不是你現在需要的必需品，放下心中的慾望吧！

80 設定治裝預算

我們時常會在換季時興起買衣服的想法。當寒意逐漸消退，溫度回暖超過十五度左右時，內心可能就會開始蠢蠢欲動，想著「是時候來買件春天的風衣了」。

這時，如果能根據春夏秋冬四季事先編列預算，就能預防過度消費。

以我們家為例，我和讀國中的女兒都有規劃預算，我的是三萬日圓，女兒則是一萬日圓。春夏服飾通常比秋冬服飾便宜，所以有時可能還會出現多餘的資金，可以挪到秋冬使用。

每月的治裝費，建議規劃在月薪的3～5%。只要養成每季都能將消費金額控制在預算內的習慣，對財務上的管理就會更有信心。

81 可以手作的配件，不妨動手做做看

發現一個好可愛的手提包，但居然要價三萬日圓……。這時，你會怎麼做呢？我所認識的理財高手，會先思考自己手作的可能性。

用什麼材料？如何製作？成本大約多少？

仔細觀察商品，接著實際動手做做看。

「感覺可以利用舊手提包的竹製把手」……趁著還有印象的時候，善用家中既有配件，自己動手復刻。

最近市面上也買得到室內擺飾的ＤＩＹ材料了。不妨找一些自己做得來的商品，從思考製作程序開始，享受動手做的樂趣吧！

82 設法把衣櫃裡的舊衣換成現金

你的衣櫃是否堆滿了閒置的衣服和包包呢？

「總之先收著。」，但相信我，這些埋藏在衣櫃底部的物品，你根本就已經不會再拿出來使用。不妨把這些舊衣物、包包、首飾配件二手出售，藉機賺點零用錢。

根據二手交易平台Mercari調查顯示，女性衣櫃裡潛藏的隱性資產平均約是五萬五千一百一十六日圓。「馬上就能穿的衣服」通常售價比較高，所以盡量在春天出售春裝、夏天上架夏裝，用衣櫃裡的舊衣物，幫自己賺一些零用錢吧！

83 剪個持久的髮型

隨著年齡增長，髮型比化妝更能展現一個人的品味和乾淨俐落的氣質。當戴口罩已經成為日常生活的一部份時，髮型比化妝更容易吸引人們的目光。不過，有些髮型必須常跑髮廊整理，否則不容易維持。

相形之下，長髮與深色色調，都比短髮和淺色調的髮型更加持久。不妨直接把你的要求告訴美髮師：「我不方便常來弄頭髮，所以請幫我剪個持久的髮型。」

若能討教在家中自己剪瀏海的祕訣，學起來也不錯。

84　即使外出逛街也「不買東西」

你是否已經習慣出門逛街時一定會買東西呢？

「逛街」與「購物」是兩種不同的行為。

逛街是感受店員與店家的活力，享受歡欣雀躍的心情；購物則顧名思義，就是買東西的意思。

逛街並不代表一定要買東西。請記住，即使去逛街，也不一定要購物。

85　錢要花在「體驗」，而非「物品」上

不妨試著培養購物以外的興趣。心理學研究顯示，比起花錢購物，把錢用在體驗上會獲得更多的幸福感。

儘管購物當下會感受到巨大的喜悅，但那股喜悅會隨著時間慢慢流逝。

相反地，來自體驗的喜悅則會與日俱增。與朋友出遊旅行、透過瑜珈舒展身心、學習考取證照資格，這些體驗都會帶來獨一無二、不可取代的快樂。

把金錢用在體驗上，不僅能減少購物，還有機會為未來創造更多財源。

第5章

理財高手的

工作篇

86 思考「想讓誰快樂」，藉此找出理想工作

想想自己想幫助誰、使誰受益，或許就能從中找到希望從事的工作方向。例如，想幫助深受過敏困擾的人、想支援努力育兒的父母、想幫腰痛者減輕不適等等。試著想像具體的對象，或許就能發現自己想做哪些工作。

找出自己想幫助的對象，就能知道可以採取哪些行動。凡是有益於對方的事，不妨都去嘗試看看。無需把自己侷限在一種工作裡，放手去做任何想做的事吧！

87 動手寫下「令人心動的體驗」

一個人能被外界事物所打動，並了解箇中原因，表示其內心十分強大。那些撼動心靈深處的經驗，都將成為激勵自己前進的原動力。

以我的自身經驗舉例，我曾因為在公園遇見一名小女孩，那時我感覺她似乎在向外界求助：「請幫幫我的媽媽！」，這個經驗，讓我決定從事親子服務

的相關工作。雖然只是一段小小插曲，卻使我萌生了「想幫助有困難的媽媽們」的想法，讓我找到自己的工作動機。如今，那段體驗已經成為我堅持工作下去的動力。

哪個瞬間，最能觸動你的內心深處呢？

將日常生活中所歷經的各種感動時刻紀錄下來，包括事情的概況，以及自己當下的感受和想法。無論是快樂或悲傷的內容都無所謂。從電影或閱讀中得到的感想，或許也會蘊含著某些啟發。

88　與朋友互相交流「特技」和「才能」

以物易物也是一種助人、讓人感到喜悅的行為，我認為這是個很有價值的動作。

「我有種馬鈴薯和玉米，你要不要拿點回去？」

「好啊！那你要不要嚐嚐我做的梅干呢？」

透過交換的方式，與朋友分享彼此的特技或才能，可以得到令人心情愉悅的「回報」。

首先，由自己跨出「以物易物」的第一步吧！分享給別人的能量，最終都會回歸到自己身上。彼此互相分享，雙方都能體會到愉快的心情。我想，豐富而幸福的生活，就是從人與人之間的互助交換開始的。

89 把前輩當作指引自己的明燈

開始嘗試新鮮事物時，通常都是既期待又怕受傷害的心情。有時可能才剛感到興奮不已，下一秒卻又陷入忐忑不安。

當你感到徬徨失措時，不妨尋找已經走在前方路上的前輩。他們就像一盞明燈，照亮你想走的路。透過了解他們花了多少時間、如何執行、獲得什麼樣的成果、遇見哪些困難、和誰攜手合作等等，聽取前人的經驗，或許可以紓緩心中的擔憂。

生在科技發達的時代，透過網路，我們能知天下事，也有機會與形形色色的人相遇。即使是從未見過面、素不相識的陌生人，透過他們的經驗、整理記錄，或許就能有所發現。

90 透過網路銷售自己的「專長」與「經驗」

工作不僅是賺錢的手段，也是一種學習的方式。

當咖啡廳店員，可以學習開店的方法；當文字工作者，可以學到寫作基礎；當上班族，可以習得社會人士必須具備的基礎素養和禮儀。當我們以學習的心態投入工作時，就有機會習得該領域的規則與技能。

最近提供線上服務和線上課程的平台也大受歡迎，例如透過「Coconala」，可以販售自己的技能與經驗；「Street Academy」則能開設線上課程及講座等服務。

利用兼差或技能共享的方式，一邊工作一邊學習，慢慢嘗試獨立創業。這也是將能力或喜好轉化為工作的一種方法。

91 把「無名家事」換算成金錢

並不是只有外出上班，才稱得上是工作。在家工作，亦即做家事，也是一種名正言順的工作。然而，由於這份工作無法創造收入，難免會讓人感覺心虛。

這時，不妨把透過做家事省下來的金額計算出來吧！

自己在家燙衣服、沒有送洗，每個月可以省下一千日圓。

在家煮出媲美餐廳的美食，一次就能省下三千日圓。

不請廠商、自己清洗冷氣機，一台省下一萬日圓。

這些都是委外處理的話可能需要支付的金額。希望各位牢記在心，做家事所需要花費的能量，與外包所需的金錢毫無二致。

92 在各大求職網站登錄註冊

你是否以為人力銀行只有在考慮換工作時才用得到呢？這可不一定。透過人力銀行，你或許能發現從沒接觸過的全新工作，或是回想起以前非常想做的工作。

除此之外，也能了解其他公司的薪資水準，或許還能以此為參考，與公司或人資商談加薪事宜。相反地，在諮詢或面試的過程中，說不定也會發現現在待的公司其實還不錯。

「想換工作，但有點害怕。」，這時不妨先去各大求職網站註冊，作為跳槽的第一步。

93 好聚好散，切勿選擇丟失個人信譽的離職方式

當看到有些人突然離職時，我總會替他們感到惋惜。

事先沒有任何商量，就突然通知要離職，一定會失去他人對你的信任。一旦喪失信任，就很難輕易挽回了。不僅會失去當下的工作，還可能失去未來的機會。

若想離職，建議一邊繼續做現在的工作，一邊尋找新的出路。如果是想換工作，應該提前和主管商量，設定交接期間；如果是想獨立創業，可以一面持

續現在的工作，一面做準備；如果是想在公司內另起專案，那就先把手邊的案子交接給其他同事。

理財高手會在不失去信譽的前提之下，持續挑戰新事物。

94 化「危機」為「轉機」的祕訣

如果先生說他想離職，你會如何反應？「好啊，沒問題。」一，我想你心裡肯定是既想如此安慰他，但同時也會忍不住想要逼問：「那錢該怎麼辦？」。

然而，像是這種關係到人生的巨大變化，也許是機會來臨的徵兆。不妨先退一步，思考當下正在發生的事。

為什麼這樣的事會發生在自己身上？
這件事蘊含著什麼意義？
這件事會引領著我走向何方？
儘管在不如意時，很難有心思思考這些問題，然而稍微抽離當下的心境，有時或許會看得更加清楚。
當你開始接受發展不如預期的事實，反而有機會擴展未來的可能性。就我個人經驗而言，先生的公司突然倒閉，反而成為了我開始做這份工作的契機。
眼前發生的現實背後，有時隱藏著我們所看不見的另一面。唯有主動刻意觀察，否則難以察覺。

95　讓人生順利步上「正面循環」軌道的法則

人不可能一直持續不停地工作，也不可能永遠維持在最為良好的狀態。
人生起起伏伏、有好有壞，這些都是自然的規律。如果你能察覺其中的週期，就能明白何時該隨波逐流、何時該發憤努力，何時又該靜待時機來臨。

若是埋首在感嘆冬日蹉跎當中，就無法感受到春天萌芽的勃勃生機、不覺夏季茁壯成長的充實，更享受不到秋天豐收的喜悅。切記不要違背自然規律。理財高手往往懂得抓住機會，搭上人生正面循環的順風車。

96 了解「金錢」無法與「個人價值」畫上等號

有時看著薪資單或銷售成績，總是忍不住覺得「自己毫無價值」，或是出現「自己不值得被人重視」的想法。以前的我也會這樣。

然而，這種想法毫無益處。薪資或銷售成績完全無法與我們的自身價值畫上等號。

這個道理，就和你不會用學校成績來評量孩子的價值是一樣的。即使考試分數不好，也無損孩子的存在價值。

金錢也是一樣。即使銷售成績不佳，也不能因此否定自己。

同理，即使銷售成績拔得頭籌，自我價值也不會隨之高漲。金錢僅僅只是一種用來換取商品或服務的代幣。

每個人只要活著，就有價值；只要做自己，就有價值。無論擁有的財富或收入多寡，只要活著，就「值得被愛」，就都是「有價值的存在」。希望各位牢牢記住這點。

97 「銷售」是一種「助人行為」

許多人會對販售商品或服務這件事覺得感冒，但我所敬重的理財高手都特別以銷售為樂。

因為「銷售」是一種幫助對方解決困難的行為。

並非強迫對方購買他們不喜歡的東西，而是販售對他們有用的商品或服務。如果能明白銷售是一種助人的行為，相信工作一定會變得更愉快。

98 提升自己所銷售的物品或是提供的服務價格

許多人願意大方地免費分享自己的技能或專長，但如果談到要收取多少費用時，卻時常躊躇不定。

雖然要把自己創造出來的產品或服務標上價格並不容易，但建議各位不妨在做中學，慢慢地提高價格。價格提升也有助於增加你的勇氣和自信。當你開始認可自己所提供的服務價值，一定也能獲得其他人的認同。

當你讓出錢的客戶感到滿意，開始具備自信之後，請試著提高價格。如果取得新的資格證照或學會新的技能，就能進一步創造並提供不同服務，逐步增加收費金額。

所謂的工作，應該要是一件自娛娛人的事。你為他人提供商品與服務時所付出的精力，和你為此所收取的金錢，兩者之間必須取得平衡。請愛自己，並肯定自己的工作價值。

99　把自家打造成舒適工作空間的四個方式

在家工作時，建議打造一個比辦公室更舒適的工作環境。筆記本、工作空間、活動身體和計時器這四樣，是在家舒適工作的必備要件。

用像是在與自己對話的型式，把想法或煩惱寫在筆記本上。一早打開筆記本，寫下自己的想法、情緒，整理思緒。

打造讓自己方便工作的空間也非常重要。把電腦、筆記本放在正確位置，佈置一個能讓自己順利進入工作模式的環境。

此外，健康狀態良好，工作效率才會高，所以也需要定期運動。特別是午後，請多活動身體。時間上，無論是十分鐘、二十分鐘都可以，就算只是在附近散散步，也有助於促進血液循環，提神醒腦。

工作進度可善用時鐘與計時器來調整。要整天維持專注是一件很困難的事。不妨早上用兩個小時集中精神，專注在想做的事情上，下午稍微放鬆、安排會議等等。好好分配自己的工作時間，是做好工作的最佳祕訣。

100 主動要求加薪或升遷

金錢會流向懷有希望的人。即使你非常努力工作，希望得到加薪或升遷的機會，但除非你向周圍的人或主管主動表達這個意願，否則不可能輕易實現。

以前，我在某間公司擔任人資時發現，那些獲得加薪的人，都是自己主動爭取得來的。

金錢似乎總是流向那些主動的人。當然，成功獲得加薪的人，無疑也都展現了名副其實的成果和努力。

一般來說，日本企業大多會在每年四月給予加薪或晉升的機會。如果知道人事考核時間，建議提早三個月表明自己希望加薪或升遷的意願。

自營業者不妨在客戶業務較不繁忙的淡季期間，表達自己的需求。滿足並實現自己所希望的事，就是愛自己的表現。能夠愛自己的人，也必定會受到金錢的眷顧。

101 追求「收入增加」的同時，也要「提升技能」

成功提高收入的人，通常不會光說不練，而是會不斷地提升自我。他們不會被眼前的金錢所侷限，而是會透過不斷精進自我，以期獲得更多的收入。

只要擁有專業技能，不論是換工作或獨立創業，都能藉此提高收入。為此，多了解自己，並選擇能夠發揮才能的工作也非常重要。

102 嘗試創業，成立公司

如果想換工作，開立公司也是一種選擇。成立公司，不但有更多的機會做自己想做的事，更重要的是，還能提高自我意像（編註：指自己看待自己的方式）。當你意識到自己是公司老闆時，言行舉止和思維都會發生變化。

對金錢的看法，也會從目標是「每月賺二十萬日圓」，轉變成「公司一年營業額達到二千萬日圓」。

只需要一名員工和一元的資本金，就能登記成立股份公司。而真正成立公司的手續流程大約需要三天到二週左右的時間，整體所需費用約是二十五萬日圓。

現在越來越多夫妻以其中一人的名義設立公司，從事副業或是節稅。成立公司的經驗，在未來找新工作時說不定也是一種優勢。

103 不要忽視身體發出的「休息警訊」

感冒是人之常情，但如果因為感冒而請假，有些主管會責備當事人沒有做好健康管理，搞得員工也人心惶惶，擔心「要是請假，在公司是不是就失去信用了？」。

然而，生病是人體發出的明確警訊，「已經不能再勞動了」、「需要休息」……身體是很誠實的。當身體不適時，請勿責怪自己，不妨撫心傾聽內在的聲音，了解身體到底哪裡不對勁。

104 偶爾逃避現實也無妨

有些人會因為害怕造成同事困擾而不敢請假，我以前也是這樣。但是，我們真正不該造成困擾的，是身邊最為親密的人以及自己。沒有人可以保證自己一定能夠迎來明天，為了不在「今天」留下遺憾，請做出對你所重視之人和自己最好的選擇。

本田技研工業（Honda）的創始人本田宗一郎在三十八歲時，宣稱「人間休業」（譯注：講白了就是「我要休息」）後，讓自己好好地休息了一整年。

工作和金錢並不是人生的全部。我們大可以停止做自己討厭的事，也可以選擇逃離痛苦的現實。

105 把精力集中在一件事情上

想要有新的開始，就必須先放下手邊舊有的事物。刪減你正在做的事情！此外，也試著放棄事事兼顧的念頭吧。雖然有些事情只有你能做到，但你只需要專注在其中一件，先專心做好這件事就好。

106 一旦找到「想做的事」，就先做再說

偶爾難免會出現「不知道自己想做什麼」的情況，就連我有時也會迷失方向。你覺得「想做的事」會是有天靈光一閃，腦中突然冒出「我要做這個！」的想法嗎？我認為，想做的事是「必須先做了才會知道」。如果不知道自己想做什麼，不妨暫時假設「或許這是我想做的事」，接著以此為目標，想著「我決定今年就做這件事」並努力實踐。

如果身邊有人正在朝著夢想邁進，做著自己想做的事的話，不妨仔細觀察他每天做了什麼、沒做什麼，試著模仿他的思維和行動。透過這樣的嘗試，你會更清楚自己想做什麼，也會更接近你心目中「希望成為的自己」。

107 勉勵堅持下來的自己

即使開始做自己想做的事，若是不見成果，也很容易就會想要放棄。但是建議各位，至少先堅持個三年看看，最好能堅持到九年。若能持續三年，就會知道所做的一切有無機會萌芽；若能堅持九年，就知道能否開花結果。

人們總是高估一年可以達成的目標，而低估九年可能獲得的成果。如果把第一年的目標設定得太過遠大而未能實現，很容易就會以為自己無法辦到而選擇放棄。

夢想和願望，往往需要比預計更

長的時間才會實現。所以不要心急、順應自然，堅持做自己能做的事。

如此堅定不移的自己，值得引以為傲。

108 「做最喜歡的事」能帶來財富與好運

在我還總是為錢所困的日子裡，偶然在書店翻到一本書。

那是作家本田健所寫的《做最喜歡的事而致富》（森林出版，書名暫譯）。書中寫道，幸福的有錢人都是**「在人生某個階段，發現自己最喜歡的事，持續投注心力而獲得成功」**。

當時的我認為，即使討厭工作也必須忍耐，而這句話給我帶來相當大的震撼。這句話所帶來的啟示，使我冒出非常渴望體驗那樣的人生的想法。

沒有人可以阻止你做自己最喜歡的事。「喜歡」這股熱情，會為你帶來財富及好運。

109 工作的本質是「有人因此受益」

理財高手很擅長滿足他人。透過自己的專長或喜歡的事，滿足他人的需求，並收取報酬。所謂的報酬，不只是指金錢，同時也包括喜悅、成就、感動等無形的獎勵。

「工作＝賺錢」這種想法，實際上是種設限。如果能轉換思維，把工作視為一種滿足他人的媒介，工作的可能性就能無限延伸。

第6章

理財高手的

整理篇

110 清理家中「不必要的東西」

把家裡「不必要的東西」處理掉吧！每個人的心中都存在著自己渴望成為的「理想形象」，但如果擁有與自己理想有所不同的東西，反而可能失去真正的願望。

「其實我想住在這樣的房子」、「其實我想要嘗試這件事」、「其實我想擁有這樣的心情」……你是否忽視了自己真正的想法，擁有一些「不必要的東西」呢？

不必要的東西不僅浪費金錢，還會蒙蔽自己的真實感受。

從看得見的地方開始打造你的理想狀態吧！透過清理不必要的東西，無形的心靈也會變得清爽、條理分明。

111 在客廳擺設喜歡的觀葉植物

有時踏入客廳的瞬間，就能感受到屋主佈置空間時的用心和溫情。所有東西都受到悉心照料，從桌子、牆面裝飾、室內植物都能感受到主人的愛，沒有任何一樣遭到遺忘。走進這樣的家，可以感受到自己的心靈彷彿也受到洗滌。

以發明家庭記帳簿聞名的日本第一位女記者，羽仁元子女士，她在著作《邊想邊生活 上冊》（婦人之友社，書名暫譯）中寫道：「家中所有擺設，都是那個家的無形靈魂。」

居住者的心靈，會透過家中擺設的物品展現，釋放能量在整個空間。尊重自己和家人珍視喜愛的物品，用它們來裝飾客廳吧！不妨先從擺設自己喜歡的觀葉植物開始，打造一個溫馨的家。

112 客廳地板不要堆置物品

如果想為家人打造舒適的客廳環境，第一步請先淨空地板，避免放置物品。包括雜誌、孩子的玩具、書包等物品，也應盡量避免設置桌櫃等大型家具。

當一個人的生活空間看不見地板時，多半代表這個人在經濟上有困難。

此外，如果習慣把東西放地上，表示房間主人對屋子凌亂的狀態習以為常。

而且如果家中雜亂，需要添購新的東西時，也會變得難以判斷真正需要的是什麼。

客廳盡量保持簡單清爽，關鍵口訣是「真正重要的東西不用多」。

113 如果孩子還小，家中凌亂也不必太過在意

話雖如此，如果孩子年紀還小，家裡實在很難維持整潔。我家以前也是這樣。我個人的想法是，如果孩子還小，家中稍微凌亂也不必太過在意。即使玩具沒收好、打掃不是很完美都沒關係。最重要的是大人和小孩健健康康、快快樂樂地生活在一起。

如果覺得家中凌亂很礙眼，可以善用壁櫥或衣櫃等收納空間，把東西收起來。就算不能整理到井然有序的程度，但至少可以做到眼不見為淨。只要看不到那些雜物，心情多少會平靜一些。

114　臥室儘量減少雜物，保持簡潔

臥室是重置一天記憶與情緒的重要場所。睡眠可以淡化不好的回憶，也可以紓緩負面情緒。試想若是如此重要的臥室，床鋪四周卻堆滿雜物的話，你會有何感想呢？你能忍受骯髒的床單或枕套嗎？或者你喜歡顏色鮮豔、充滿花紋的窗簾嗎？如果房內堆滿娃娃機夾來的玩偶呢？這應該稱不上是一個可以有效消除身心疲勞的清爽環境。

請讓臥室成為自己和家人放鬆、擺脫日常疲勞的空間。只要減少物品，就能減少負面能量和資訊量的堆積，讓原本雜亂的房間成為舒適的休息空間。

115 清掉八成的餐具

據說家中所有的餐具，常用的通常不超過二成。

不妨打開家中的廚具櫃，把很少使用的餐具拿出來看看。或許會發現其中有不少餐具「只是擺在那，根本沒在用」，或是「捨不得用」。

若能實踐「少而精」的原則，廚具櫃自然會多出許多空間。唯有陳列在足夠寬廣的空間之中，物品才會展現出其原有的質感。即使數量不多，只要都是經常使用且喜愛的餐具，就能為家人與生活帶來歡樂。

116 擺脫「可能用得到」的想法

油切網、抽真空紅酒瓶塞、水煮蛋打孔器、蔬菜脫水器、熱壓吐司機、壽喜燒鍋……等等，相信許多人家中都有這些器具。

我想多半是因為覺得便利而購買的。然而，大多時候，這些器具通常會伴隨著「總有一天可能會用得到」的想法，被塞在廚房抽屜的某個角落。如果總是被「哪天可能會用到」的衝動影響，就會買到不需要的東西。

要成為一個被錢所愛，又能輕鬆存到錢的人，建議把「可能用得到」的心態，轉換成「沒有也無妨」的思維。

117 設定物品斷捨離的期限

人總是會有捨不得丟掉的想法，我們認為自己擁有的東西很有價值，因而捨不得放棄。如果沒有立即使用的打算，也無法轉換成「沒有也無妨」的思維，那就設定一個使用期限吧！

例如，假設你有個廚房用具沒有也沒關係，但就是捨不得扔掉，不妨自問「這一個月內有沒有機會用到？」，如果接下來一個月內有機會使用，那就將其收納在廚房櫥櫃或抽屜的固定位置。

反之，如果無論怎麼想，一個月內都用不到，請將之歸類為不必要的東西，

準備丟棄。如果實在捨不得直接丟掉，可以設置一個專門拿來裝「無用物品」的箱子，暫時保留這些不必要的用品。

可以隨意挑選任何適當的空箱作為「無用物品放置箱」。建議每三個月檢查一次箱內物品，重新決定是否丟棄。

118 用不到的物品二手出售

你不再需要的東西，可能會是別人需要的寶物。當你想重新佈置環境，或希望能有個全新的開始時，不妨嘗試把家中用不到的東西換成現金。

透過二手回收商店、二手拍賣網站或APP等管道出售商品，就能輕鬆地把不需要的東西變現。

雖然有時可能賣不掉，但那也沒關係。因為當你把東西上架的那一刻開始，就已經感受到放手的快感了。

119 猶豫是否丟棄的物品，不妨捫心自問「還會不會想買？」

當你猶豫不決，不知到底該不該丟棄某件物品時，不妨試著想像「如果這個東西不見了，我會不會再買一次？」；同時也試著思考，「如果這不是我的東西，我會如何處理？」。這種做法可以把自己的感受與物品做切割，進而了解自己是否真的重視這件物品。

「會想再次購買」的東西，對你而言就是重要的物品；反之，「沒有再買的慾望」的物品，只是徒占家裡的空間。

當你能明確判斷哪些東西對自己而言是必要的，哪些又是不需要的東西時，就能在生活中只留下自己真正喜歡且需要的物品。

120 根據季節調整馬桶坐墊的溫度

關於免治馬桶座溫的設定，建議春秋設定為「弱」，夏天「關閉」，冬天設定為「中」，而且避免使用最高溫度「強」的設定。只要開啟電源，座墊就會一直耗電，所以不光是夏天，長期外出不在家時，也建議關閉開關。僅僅如此，一年就可以省下約一千日圓的電費。

121 利用節水閥芯或止水閥調節水流量

廚房或浴室的水流如果太大，不僅浪費水，也會導致水費增加。這時不妨裝設節水閥芯。

節水閥芯是一種可以調節水龍頭出水量的零件，五金行或百元商店都有販售，日本有些地區甚至會免費發放。唯一需要留意的是，撥

桿式水龍頭無法安裝節水閥，遇到這種情況時，另外一種方法是將水槽或洗臉台下方的止水閥鎖緊到所需的最小水量。

老是提醒家人注意水流，彼此都會感到心累。與其試圖改變人的行為，不如試著調整環境，用開放的心態來實踐節儉的生活吧！

122 用不到的保單全數解約

保險是一種為了預防突發狀況，花錢購買安全感和某種程度保障的商品。但你是否因為某種「莫名擔憂」的理由，而從未定期檢視，長期購買同一份保單呢？

確實，保險在緊急情況時能帶來幫助，但在日本有「國民保險制度」的完善醫療保險制度，上班族必須加入社會保險，其他人亦需加入國民健康保險。這些健康保險的保障範圍相當廣泛，即使生病住院，每月的自行負擔費用最多也會保障在十萬日圓左右。

我認為，與其亂買保險，多存錢以備不時之需，反而更有助益。比起沒有投保，發生困難時沒錢可用的問題更大。

假設你把目前投保的保險全數解約，會想加保的保險有哪些呢？我們真正需要的保險，或許就只有「住宅火災保險」、「汽車保險」及「個人責任險」這三種。誠心建議有購買民營保險商品的人，除了泡沫經濟期間投保的「御寶保險」（譯注：泛指日本在一九八〇年代泡沫經濟期間推出的各種高利率儲蓄型保險產品。御寶保險有兩大特色，一是通常為儲蓄型保單，二是預定利率遠高於現在市面上的保險產品）以外，用打算全數解約的氣魄，重新檢視其餘的個人保單。

123 利用共享汽車或租車

汽車對某些人來說，或許是「雖然只有假日會用到，但沒有的話很沒安全感」的必需品。對於長期擁有車子的人來說，要放棄自己的車，勢必會產生焦慮。不過，嘗試其他方法，或許就能減輕壓力。

建議各位多多利用共享汽車或租車。將家中原本擁有的多輛車子縮減成一輛，並盡量使用大眾交通工具。實際嘗試後，你會發現其實沒有想像中那麼不方便。

養一台車，除了貸款之外，還有油錢、檢驗費、停車費、保險費、車輛相關稅金等多項花費，需要花錢的地方出乎意料之外的多。放棄車子之後，在金錢與精神上都會變得更加輕鬆。理財高手都懂得這種「無車一身輕」的感受。

124 電話費如果超過三千，建議轉至廉價電信

如果個人手機月租費超過三千日圓，就值得重新思索。

假設考慮換間公司，建議前往廉價電信，不要找大型電信業者。若向目前使用中的大型電信業者洽詢，他們極有可能會推薦其他方案來挽留客戶。

如果考慮調降月租費，建議先前往廉價電信公司，詢問可否使用現有的手機號碼進行申辦。假設可以攜碼申辦，再進一步了解可以得到多少優惠。

如果能將兩個人每月手機費從原本總計二萬日圓，減少到六千日圓，一年就可省下十六萬八千日圓。

有些人可能會擔心廉價電信訊號不好或有問題。不要害怕，總之先詢問看看再說。從自己能力所及的小地方開始輕鬆愉快地省錢，就是成為理財高手的捷徑。

125 Wi-Fi從固定通信改成行動通信連線

使用固定線路的居家Wi-Fi，每月大約花費五千日圓，費用其實不低。如果家人因工作或課業在家時間不長，建議退租家用的固定線路，改用月租費約三到四千日圓的行動Wi-Fi。

行動Wi-Fi可以攜帶外出，所以手機門號亦可改成最便宜的方案。

另外，如果家中安裝的市內電話根本沒在用，或許也可以考慮退租。關於居家用的Wi-Fi與電話，建議同時考慮手機的使用情況，進而選擇最有益的方式。

126 換間公司簽約，每月省下一千多日圓

如果家人洗澡的時間過長，總會忍不住想向對方大喊；「不要浪費！」。但是泡澡或淋浴可以洗去身心的疲憊，是每個人享受獨自沉靜的重要時光。這段時間容易出現新的想法、靈感。可以的話，希望家人和自己都能盡情洗個舒適的澡，不用在意電費和瓦斯費。

如果希望節省電費和瓦斯費，不妨重新尋找電力、瓦斯的供應商。光是轉換簽約公司，每月就有機會省下一千多日圓。趕緊更換契約，就可以毫無顧忌地洗澡了。

127 請教鄰居的電費與瓦斯費，再來評估是否需要調整

如果想減少電費和瓦斯費，不妨先請教芳鄰：「若您不介意的話，方便請教府上每月的電費和瓦斯費大概是多少嗎？」，如果與鄰居的費用相差無幾，表示現在的電費和瓦斯費都在合理範圍內。

若有明顯差異，說不定可以彼此分享節省電費和瓦斯費的妙招。不用不好意思，以為「問錢的事，會不會沒禮貌？」，有不懂的地方，總之請教周圍的人就對了。

128 重新挑選電力與瓦斯的簽約公司

常聽到有人說：「雖然知道日本已經進入電力業與瓦斯零售自由化的時代，與不同公司簽約，就有可能節省費用。但要一家一家比價，實在太麻煩了，所以還是維持現況就好。」，如果你也是這樣，明明知道應該好好研究卻又缺乏動力，不妨先試著思考獎勵。

如果成功省下電費與瓦斯費，這

筆錢可以如何運用呢？買衣服嗎？還是去旅行？若是知道可以獲得獎勵，會讓人們更有動力採取行動。因為光是幻想著獎勵，就令人感到開心。

決定好獎勵後，接著打開搜尋引擎，輸入關鍵字「電力瓦斯比較」吧！

有些網站，例如「ENECHANGE」，有提供電費等相關數據。更換電力公司，一年平均可以省下二萬七千五百四十二日圓。

如果發現比現在更划算的公司，立即跳槽簽約。包括比價的時間在內，這些動作頂多三十分鐘即可完成。一想到這麼短的時間就能幫自己賺到獎勵，不做怎麼對得起自己？

129　了解家中使用的「電力方案」與「安培數」

如果無法變更簽約公司，亦可透過更改家用電的安培數來減少基本費用。

例如，從40安培改成30安培，一年約可省下三千日圓。不過，有些地區無法任意變更安培數，變更前須事先查明。

即使無法變更安培數，重新審視電力方案，還是有機會節省電費。不妨先致電簽約公司洽詢，確認目前使用的方案是否最符合需求。

130 想像三十年後的生活，再來決定買房或是租房

如果你正為了不知該買房還是繼續租屋而感到煩惱，不妨想像三十年後的生活。

那時候的你幾歲呢？還會住在當年買的那間房子裡嗎？是否在那片土地上落地生根，與當地居民愉快地享受居住環境呢？

如果在想像中，你可以描繪出自己三十年後還住在這裡的畫面，或許就可以考慮買房；相反的，如果無法想像自己要在這個地方生活三十年，租房或許更適合你。

買房是個需要耗時長達三十年的長期購物。不要因為當下的慾望而衝動買房，應該仔細思考三十年後是否還願意住在這個地方再做決定。人們常以為要趁年輕買房，否則就會借不到貸款，卻忽略了可以在三十年後以現金一次付清的可能。

在沒有房貸負擔的情況下，可以利用手中資金進行投資，還有機會增加資產。請依從想像中三十年後最為理想的光景，再決定是否買房。

131 以「200倍法則」評估是否買房

應該購入什麼價位的房子呢？判斷這個問題時，不妨從「200倍法則」的觀點切入思考。你心目中理想的房子價位如果在房租的二百倍以內，買房比較划算；反之，如果超過二百倍，承租比較划算。

很少人會針對房貸設定明確的預算上限。加上買房這種巨額消費，容易讓人們失去原有的金錢判斷能力，不小心就會聽從建商的花言巧語，出現「既然都要買了，就應該挑最好的」等想法，進而選擇昂貴的廚房配件或壁紙。

購屋時，建議以「用現金購買」的心態，堅持「能省則省」的原則，選擇自己的經濟能力可以負擔的物件。

132 將買房視為一種投資

買房是一種長期投資。如果你對投資沒有任何概念，建議先從書本學習基礎知識。

投資是一種願意承擔風險、投入資金，以求在未來獲利的行為。大部分的人容易將買房自住的貸款定義為另一種形式的房租，然而，買房時如果能將房價未來上漲或下跌的趨勢一併納入考量，這就是一種投資。

如果你興起了買房自住的念頭，建議先學習什麼是投資。對股票或投資信託有一定程度的了解之後，再來思考買房自住這類的房地產投資。

133 定期紀錄房貸的現況

房貸簽約後，通常就是每月固定繳交房貸，不太會回頭審視貸款的情況。然而，定期檢查房貸的最新狀態，說不定可以從中找出省錢的線索。

首先寫下房貸的最新情況。房貸還剩多少？目前利率是幾％？還剩幾年才能還清？有什麼方法可以提早還完？

掌握現況之後，自然就會積極蒐集資訊，設法減少房貸餘額，或者縮短還款期限。

134 確認房屋轉貸的機會

建議視情況尋找房貸轉貸的機會。轉貸是指將已簽約的貸款款項，轉換成利率更低的貸款方案。

向銀行諮詢轉貸事宜之前，建議先了解其他貸款利率較低的銀行的實際情況。在網路上輸入關鍵字「房屋貸款利率排行」，就能輕鬆查出哪些銀行的貸款利率較低。

選定某間銀行，確認最優惠的利率數字後，接著不妨洽詢原先貸款的銀行：「我發現轉貸到別間銀行，貸款利率更低。請問貴行有可能幫我調降到同樣的利率嗎？」。

轉貸至其他銀行會需要另外花上一筆手續費，還必須重跑一次申辦流程，所以如果能以其他銀行的資料作為籌碼，向原貸款銀行爭取更優惠的利率，自然再好不過。

如果覺得難度太高，不妨借助家人或朋友的力量，一起研究看看。

135 每年多還一個月的房貸

如果不考慮轉貸，不妨思考提前還完貸款的可能性。

或許有人認為「利率這麼低，慢慢償還就好」。然而，正因為利率低，所以最好在利息不斷累積之前，儘早還清貸款。

符合左側三種情況的人，提前還款其實最有利。

□剛買房不久
□貸款利率高
□貸款餘額高

為了順利提前還完貸款，不妨以每年多還一個月為目標。利用獎金等臨時收入來繳還房貸，就不會造成太大的壓力。

上網搜尋「提前還款試算」，即可算出提早還款可以減少的總貸款金額。若能在退休前提早繳清房貸，還能考慮提早退休，享受悠閒人生。

136 不要將「金錢」與「精力」耗費在無用的事物上

理財高手總是會將心神全力貫注在讓自己和家人能夠幸福地生活之上。一個始終保持自我、不受周圍影響的人，不會浪費金錢與精力在不必要的事物上。

了解哪些是對自己真正重要的人事物，並懂得與珍愛之人分享生命中的喜悅。

最重要的是珍惜自己、快樂地生活，如此一來才有辦法珍惜家人。這就是理財高手擁有幸福家庭的祕訣。

137 家中井然有序，「心靈」與「財務」也會豁然開朗

當你覺得工作或人際關係不順時，解決方案其實就在自己身上。然而，要從內心深處頓悟出答案，並不是件容易的事。

這時，不妨從外在環境著手。換言之，透過動手打掃、整理家中環境，建立舒適幸福的家庭，可以幫助自己釐清真實情緒和感受。

減少不需要的東西、精選必要的物品，打造一個舒適溫暖的家。當周圍環境變得清爽時，心靈與金錢自然都會豁然開朗。整理與重新審視自我，可說是讓自己不在生活中迷失方向的不二法門。

第7章

理財高手的

家庭財務篇

138 取消不常用的訂閱服務

你上個月花費在訂閱服務（支付固定費用，以享用文化創意商品或是服務）的費用總計是多少呢？你能立即說出自己每個月在 Amazon Prime、Netflix 等影音平台；Apple Music 等音樂串流服務；以及 cmoa、Kindle 等電子書籍商店的消費總金額嗎？

若是實際金額超出預期，建議重新審視每個訂閱服務。有沒有可以取消的平台？有沒有以前常用，但現在幾乎不會打開的服務？趕緊取消不常用的訂閱吧！

139 建立「重要事項清單」

有人說：「『花錢比賺錢更難。』」，這大概是因為人們其實不太清楚自己到底重視什麼，我以前也是這樣。

所以誠心建議各位，不妨冷靜寫下你認為真正重要的事物。

喜歡的事物、珍視的東西、所愛之人……一面在腦海中想像他們的模樣，或許會更容易下筆。把心中浮現的所有想法都紀錄下來。

和重要的人一起旅行、富有挑戰性的工作、為了提升自我而做的投資、子女受的教育、與家人一起生活的住宅、身心健康、安心安全的三餐、汽車等交通工具、衣物、渴望對父母和重要之人表達的感恩之情……，盡情列出你所想到的所有重要事物。

140 決定「重要事項清單」的優先順序

列出重要事項清單後，請試著根據重要程度，排列優先順序。但要注意的是，排列方式不是依據「非做不可的順序」，而是「發自內心感到喜悅的程度」。如果一時之間無法決定，不妨多花點時間慢慢思考。

什麼時候會感到幸福？哪些事會讓我覺得開心？

透過不斷地與自我對話，或許終有一天，自然而然就會找到最符合心意的順序。

另外，重要事項也會隨著時間改變，所以建議根據當下情況，定期重新排列。比如孩子大考那年，你或許就會想把比較多的錢投注在子女的教育費上；而對工作充滿野心時，或許會想把錢花在職涯發展上。

當你隱約察覺到當下對自己來說最重要的事物是什麼時，不妨問問自己：「現在的我處於什麼狀態呢？」。

是全力支持孩子的父母模式？投入工作的職業模式？還是健康第一的養生模式？當你看清自己當前正處於什麼狀態，就能把金錢和時間花在刀口上。

141 把「重要事項清單」和「預算」貼在客廳

在忙碌的日常生活當中，很容易就會忘記真正重要的事。不妨將重要事項清單張貼在月曆或記事白板上，且務必列出清單上的第一項。

此外，建議在月曆每個月最上方的空白處，標示該月的預算，例如「現金十萬日圓、信用卡五萬日圓、銀行帳戶十五萬日圓」等等。月曆是管理預算時，非常方便的好幫手。

如果不好意思明目張膽地寫在客廳的月曆上，也可以紀錄在手帳或是筆記本當中。只要內心清楚知道哪些是重要的事，自然就能判斷「錢可以用在這個地方」。

142 列出過去一年中支出最高的三個項目

請回顧過去一整年，列出支出金額最龐大的三個項目。

這三個項目，是否與你心中的重要項目相符呢？

錢是否用在最重要的地方了呢？

如果相符，請對自己有信心，相信自己的花錢方式，並讚美自己：「我的錢都花在對的地方！」。即使不完全一致也沒關係，只要清楚哪些是重要事項，錢自然會用在對的地方。

143 製作存摺地圖

你知道嗎？光是減少存摺的數量，就能讓金錢管理變得輕鬆許多。

請把家中所有存摺全部排列在桌面上。婚前使用的存摺、小孩的存摺、丈夫的存摺……想當年我第一次整理存摺時，竟然發現全家共有八本存摺，自己也大吃一驚。

整理存摺時，會發現有些已經找不到印章、有些可能已經忘記密碼。連同這些不常用的存摺全部排列在桌上，並在每本存摺上各別寫出它們的用途。薪資轉帳存摺、信用卡費扣款存摺、存款專用存摺……清楚標示每本存摺的主要用途。

接著，請試著整理金錢的出入流向，讓金錢的流動盡可能簡化。用不到的存摺，建議趕緊結清。

144　參考上個月的支出，來決定這個月的預算

「好難抓出一個月的預算」，有這個想法的，絕不只你一人。在此介紹一個簡單方法，讓你輕鬆抓出一個月的「暫編預算」。

首先，準備上個月的存摺和信用卡消費明細，計算上個月的總消費支出，再將該數字列為這個月的暫編預算。

沒有必要一開始就詳細列出伙食費、應酬費、水電瓦斯等各項費用的分別預算。不妨先從計算上個月的支出總額開始，踏出編列預算的第一步吧！

145 將每月預算分成三份：錢包、信用卡、銀行

許多人認為，必須將預算細分到每一個細目，才能正確地管理金錢。然而，分類分得太細，反而更難管理。因為要做到完全按照預算消費，其實比你我想像的還要困難。

因此，與其細分成各種分類項目，將每月預算分成「錢包（現金）」、「信用卡（無現金支付）」、「銀行（固定支出）」三個部分，管理起來會更方便。

或許有人會懷疑：「這麼粗略的分配就好了嗎？」，但事實上，僅僅分成這三個部分，就能有效防止過度花費。

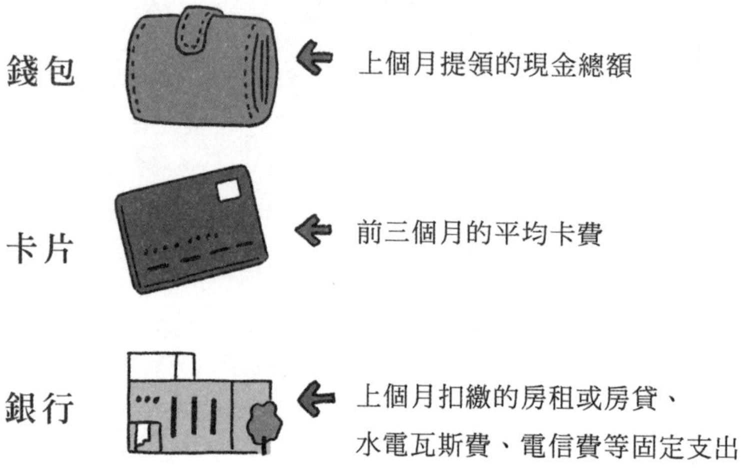

146 維持固定的生活費，建立規律

每個月重新分配預算，追蹤每月增減的數字，其實是個不小的負擔。所以建議各位，不妨讓每月的生活費保持固定，建立一套金錢規律。將生活費維持在一個固定範圍內，就不需要特別花費心思管理，也能控制在預算之內，自然而然形成規律。

我稱之為「每月規律」。當你可以直覺地感受到「這個月應該可以控制在預算內」，或是「感覺會超支」時，就無需對每筆支出窮追不捨。

不過，預算不過是個參考基準，即使超出預算，也無需失落，重要的是設法建立自己每月的金錢規律。

147 無現金支付時也要固定預算

使用無現金支付時，同樣需要固定每個月的金額，建立規律。只要每月儲值固定金額，即可防止過度花費。

例如，只在IC交通卡儲值固定的交通費、於nanaco等電子錢包儲值固定餐費，或在PayPay等QR碼或條碼支付服務儲值固定的零用錢，如此一來，管理預算時就會非常輕鬆。

148 無法遵守預算時，建議改變分配方式

當好不容易規劃好預算，卻無法如願遵守的情況發生，就會讓人變得不喜歡理財。因此，無法遵守預算時，建議改變分配方式。

預算的分配方式有許多種，包括根據餐費、日常用品等項目分類；依循每週、每月、每季等時間分配；依照自己、小孩、丈夫等家庭成員來做分配，以及按照錢包、信用卡、存摺等不同支付管道分配等等。

如果在好好記帳的情況下，仍然無法解決透支的問題，建議重新調整預算分配的方式。

149　提高儲蓄比例，確保存款金額

即使規劃預算，也無法確實執行，導致儲蓄毫無進展……如果你有這類煩惱，建議把重點擺在提高儲蓄率。

儲蓄率是指實領收入中用於儲蓄的比例。假設實領收入為20萬日圓，從中存下2萬日圓的話，儲蓄率即為10％。哪怕只有1％或2％也沒關係，請試著每月慢慢提高儲蓄率。

我們之所以規劃每月預算，就是希望能有剩餘的錢拿來儲蓄。現階段只想專注於存錢的人，建議在決定每月預算之前，先提高儲蓄率。

150　用玩遊戲的心態，從五百圓硬幣開始存起

有些人不僅花錢花得開心，也很享受存錢的樂趣。他們常做的一件事是「存五百圓硬幣」。假設每天存一百圓，一年也只能存下三萬六千日圓左右；但如果改成每天存五百圓，一年就能存下十八萬日圓。

但其實也不用那麼嚴格地天天存錢，可以用玩遊戲的心態，把五百圓硬幣投入存錢筒中，慢慢累積。當存錢筒變得越來越重時，就能感受到實際成果，讓人更容易持之以恆。

「等存滿整個存錢筒，就和全家人一起去遊樂園玩！」，想想如何花這筆存下來的錢，不僅會讓人心情愉快，也會更有堅持下去的動力。

但要注意的是，要將大量硬幣存入銀行時，可能會被額外收取手續費，所以最好事先查詢自己常用的銀行規範，留意免手續費的枚數上限。（編註：日本自二〇一九年開始，多數銀行制訂新規，客戶若以大量硬幣進行存款，則須支付與枚數相應的手續費。）

151　思考自己希望擁有多少存款

「存不了更多錢」……你知道嗎？人會在無意識中，自我設定存款上限。當存款超過這個上限時，總是會發生一些不可思議的事。像是冷氣突然壞掉、車子發生擦撞……導致存款減少。

如果希望增加存款總額，就必須改變潛意識。請翻開存摺，找找自己至今無法超越的存款上限是多少呢？牢記這個數字，並把當前目標設定在超越這個數字。

152　用分類袋管理生活費

把錢分開管理會比較輕鬆。在分配金錢時，分類袋是個很好用的工具。使用具有隔層的分類袋，就能輕鬆地將生活費予以分類。只需查看每個隔層，就能掌握預算餘額，讓理財變得更輕鬆。

153 將記帳本、APP與分類袋搭配使用

時常有人搞不清楚自己究竟適合哪種金錢管理方法。金錢管理就和穿搭一樣，可以透過結合多種方法，找出最適合自己的風格。

如果習慣手寫記帳，或許可以嘗試搭配記帳APP。記帳APP可以設定自動連結銀行、信用卡、證券商等帳戶，方便查看與去年相比的數字變化，或是各項費用支出比例的圖表。透過記帳APP，可以綜觀花費的整體樣貌，這是手寫記帳時不容易察覺的部分。

此外，主要使用記帳APP管理金錢的人，建議養成手寫整月支出與預算的習慣。

動手寫下數字，有助於提高自己對支出與預算的知覺。

使用分類袋或信封袋的人，不妨與記帳本搭配使用。

如果已經使用分類袋分類管理，但最後還是發生需要另外提領現金的情況，說不定是因為每月規劃的預算太少所致。建議回頭查看帳本記錄，重新評估當前的實際情況。

154 嘗試使用行動記帳ＡＰＰ

有些人雖然想使用記帳ＡＰＰ，但卻不知道該選用哪個軟體。根據習慣現金支付或無現金支付的生活型態，會有不同的適用軟體。

以現金支付為主的人，不妨使用「家計簿おカネレコ」（家庭財務記錄）、「Zaim」等可以直接輸入並管理收據上的消費明細的ＡＰＰ。

以無現金支付為主的人，則推薦「Money Forward ME」、「Moneytree」等ＡＰＰ。

這些記帳ＡＰＰ的方便之處，在於可以自動紀錄銀行帳戶的往來明細及信用卡消費明細。綁定銀行帳戶和信用卡後，ＡＰＰ就會自動完成記帳，管理上完全不費功夫。我個人不太喜歡手寫，所以現在每週固定會在週日查看 Money Forward ME 裡的記錄。

每每想到「必須記帳！」，就令人不禁感到壓力。如果你也厭倦了手寫記帳，改用記帳ＡＰＰ，或許也是一個好辦法。

155 行事曆或手帳上需要記載的三件事

不需要非常嚴謹地記帳，只要確實紀錄三件事，行事曆或手帳也能發揮記帳本的功用。

第一，同時紀錄預定行程與可能的支出金額。如此一來，心中至少有個底，知道大概會花多少錢。即使出現新的排程，亦可根據既定行程做調整，「這週花費有點多，先取消好了」。

第二，在週日的欄位裡寫下餘額。寫出本週餘額，即可與下週的預定行程相互對照，調整預算安排。

最後，在沒有花錢的日子裡做個標記。這個動作雖然簡單，卻能有效激發自己守住預算的決心。

打開行事曆或手帳時，若是看到滿滿的標記，就能稱讚自己「這個月很用心省錢喔！」。

156 不記帳也沒關係

「即使記帳，家中財務狀況也不見改善，滿滿通紅的透支記錄，看了真的好煩……」，如果煩躁的情緒已經累積到了頂點，不如乾脆放棄記帳。

管理家庭財務，並不單純只是為了存錢。主要目的是為了追求自己與家人的幸福。如果因為記帳，導致你開始在意先生花錢的方式、罵孩子亂花零用錢，搞得家中氣氛緊張的話，簡易乾脆停止記帳一段時間，慢慢地就會發現其他更適合的金錢管理方法。

157 於定存存入一個月的薪資

你是否曾遇過帳戶餘額不足，導致銀行信用卡卡費無法扣款的窘況？我先承認我有。為了防止這類失誤發生，建議各位於銀行的定期存款中存入一個月份的薪資。

銀行帳戶都有提供自動透支服務。該服務是當活存帳戶餘額不足時，自動從定期存款扣款，以支付不足金額的功能。（編註：此為日本多數銀行所提供之服務，台灣各家銀行是否提供相同服務，請洽詢銀行專員。）

與其擔心忘記存錢導致扣款帳戶餘額不足，不如建立一套即使忘記也不會出錯的防呆措施。

158 另設支付每年大筆支出的帳戶

每年大概會有幾筆特殊款項，會從銀行帳戶自動扣繳一到數次，比如固定資產稅、汽車稅、車檢、年繳的保險費等等。查看去年一整年的存摺明細，就能查明這些特殊款項包括哪些項目。

確認金額與扣繳時間後，建議與生活費分開準備。假設很難每個月累積資金，不妨以特殊獎金來支付。

如果擔心與生活費使用同一個帳戶會不小心花掉，建議存入綜合帳戶的儲蓄存款帳戶中。如此一來，就能安心地進行日常消費。

159 碰到臨時支出時的應對措施

家電突然故障，或因為必須參加婚喪喜慶而導致透支。各位是否也曾陷入這般困境呢？這些突如其來的特殊費用，正是家庭財務中最

難管理的部分。

建議用每季編列預算的方式，來管理突發狀況等無法預測的花費，相對比較容易。

例如，可以按照春夏秋冬四季大致劃分，設立三個月一期的預算。包括春天開始新生活（編註：日本在四月時展開新學年，新鮮人通常也在這個時期入職）的開銷、黃金週長假的休閒娛樂費用、夏天的暑假旅費、秋天小孩的校外教學費用、冬天的聖誕節禮物，和年底年初的花費等等。除了上述這些之外，也別忘了還有家人生日等特殊日子。

預算上，比如春天十萬、夏天十五萬、秋天十萬、冬天十五萬等等。

特殊費用優先應用在意外支出，再視情況於每季調整，就能堅守整年預算。

舉例來說，假設春天突然要換新冰箱，就放棄春假旅行，改夏天出遊；如果夏天旅行花費不多，多出的預算即可挪到秋天添購心儀的家具。像這樣按季節分配特殊預算，就能彈性應對緊急支出。

160　存不了錢的人的共同點

有些家庭預計每年存下一百萬日圓，卻總是無法實現。仔細查看他們的財務狀況，會發現問題大多出在季節性的活動支出或家電故障等臨時支出。

這種情況，建議先將實領的年收入扣除期望的年度儲蓄額。固定支出和生活費後，再將餘額妥善分配在季節性的特殊費用或意外支出中。如此一來，就能慢慢實現期望的儲蓄額度。

161　在手機裡建立財務管理專用資料夾

你的銀行或記帳ＡＰＰ，是否散落在手機畫面的各個角落呢？在手機裡建立一個財務專用的資料夾吧！並將銀行、證券公司、行動支付、記帳等相關ＡＰＰ軟體全數存放在這個資料夾中。整理成一個資料夾，就能更方便地查看家庭財務或投資等資訊。

162 小心網路銀行的「釣魚詐騙」

時常聽到人們反應，因為覺得跑銀行領錢很麻煩，所以想改用純網路銀行（簡稱純網銀），但又擔心存款安全。

在純網銀或網路銀行（譯注：純網銀與網路銀行最大差異在於，前者沒有實體分行）開戶本身沒有任何危險，真正需要留意的是網路釣魚詐騙。

若是收到可疑的電子郵件或簡訊，向你索取信用卡號碼或帳號資訊時，千萬注意不要隨意輸入帳戶或密碼。

163 切勿使用免費Wi-Fi登入網路銀行

開啟純網銀、證券帳戶、網路銀

行等帳戶時，請務必在自家連線。切勿使用公共場合或咖啡廳提供的Wi－Fi，避免ID與密碼外洩的風險。

164 停止「要節省！」或是「堅守預算！」的想法

你有沒有拚命努力節省餐費，結果出現反彈，忍不住跑去吃燒烤，大肆揮霍的經驗？我以前時常這樣。這是源自道德許可效應（moral licensing）的心理作祟。當人們強制把自己綁在某種道德標準之中，反而會更想做出違背該道德標準的行為。

為了避免這種情況發生，建議從小地方開始做起，不要一下子塞給自己太大的目標。

例如，與其突然規定自己一週只能購物一次，不如試著不要在週三購物；又比如投資，剛開始不需要一下就投入三萬，可以先嘗試每月小額投資三千日圓，從小額開始，就能減少錢糊里糊塗不見的不良反應。

不需要緊張地規定自己「要節省！」或是「堅守預算！」，先從自己現在能做到的小地方開始。

165 家庭財務管理不需太過努力

財務管理沒有所謂的固定方案，重要的是找到讓自己最為舒適的狀態。就像家中時而整潔、時而凌亂一樣，財務管理也會有井然有序和失序的時候。

不要害怕混亂。當你感覺迷失方向時，也無需著急或太過勉強自己，按照自己的步調和感覺來就好。

比起完美地管理家庭財務，今天也能過得開心幸福更加重要。家庭財務管理無需過度努力，凡事剛剛好就好。

166 好好肯定成功做到的自己

不像工作或課業學習，做家事或管理家中財務並不會受到他人評價。所以，當你覺得自己做得不錯時，請別忘了給予自己一個掌聲。

把自己做到的事情條列出來，比如這個月有存到錢、錢用在重要的地方、讓孩子們過得很開心等等，肯定自己的努力。

凡事都需要有目標、有鼓勵，才能保持動力。「你很努力！」、「做得真好！」，時時自我激勵，有助於創造金錢的良性循環。

第8章

理財高手的

家事篇

167 減少洗衣次數的三個妙招

洗衣服是每天幾乎都要做的家事，如果能找到洗衣服時的省錢祕招，自然再好不過。有許多能讓洗衣服的成本降低的招數，其中最簡單的就是減少洗衣次數。在此推薦三種減少洗衣次數的方法：

①不特別分類，全部一起洗。　例如：利用洗衣袋。
②改用較小尺寸的衣物。　例如：以普通毛巾代替浴巾。
③減少洗滌的頻率。　例如：毛衣或褲子多穿幾次再洗。

根據估計，包括電費與水費，每次洗衣所花費的成本總計約20〜40日圓。其他推薦的方法包括：不買材質難洗的衣服、只有內衣褲每天清洗，其他衣物改成兩天洗一次等等。

168 洗衣精和柔軟精用量減半

洗衣服時，你是否總是倒入很多洗衣精和衣物柔軟精呢？我以前也是這樣。但後來有次我心一橫，直接減少一半用量，發現洗衣效果並沒有太大的變化。這是個既簡單又能省錢，而且還很環保的省錢招數。

去除髒污時，最重要的不是用量，而是洗衣精或洗衣粉是否完整溶於水中。「減少用量，會不會洗不乾淨？」、「這樣確定能除臭嗎？」、「柔軟效果會不會變差？」……種種擔憂我都懂，總之不妨先試一次看看再說吧！

先大膽地把用量減半，覺得不夠再慢慢增量，找出自己覺得最適當的範圍。

169 改用快洗模式，減少用水量

據說，即使把洗衣機的洗滌時間延長超過五分鐘，洗淨能力也沒有太大差異。此外，數據亦顯示，洗衣程序如果超過十分鐘，不但不會洗得更乾淨，原先去除掉的汙垢，反而可能會重新沾黏到衣物上。既然如此，使用洗衣機洗衣服時，我們可以選擇快洗模式。若是有比較髒的衣服，可事先手洗或使用浸泡模式清洗。

170 厚重衣物先放入洗衣槽

洗衣時，先將大型衣物或床單放入洗衣槽內，接著放入一般衣物，最後才是內衣褲等輕薄衣料。如此一來，洗衣機的運轉會更順暢，有助於減少電費。不過這是直立式洗衣機的情況，若是滾筒洗衣機，則無需特別留意放置衣物的優先順序。

171 減少送洗衣物的祕訣

送洗衣物說不定也能減半。例如學生制服、外套和棉被等，如果有可手洗或可洗衣機洗滌的標示，就可以自行用洗衣機清洗。原先以為無法在家中自行清洗的衣物，也不妨先確認洗衣標示圖再決定是否送洗。

重新檢視平日裡習以為常的花費，雖是老生常談，但只要重新審視，說不定就有機會可以找到另一個省錢的機會。

172 減少清潔劑的種類

以前曾聽某位理財高手提到：「可以試著減少清潔劑的品項。」，這句話對我來說，簡直就是一語驚醒夢中人。在那之前，光是家裡的清潔劑就多達二十多種，包括洗碗精、廚房漂白劑、洗衣精、浴室浴缸清潔劑……不勝枚舉。這樣既不省錢，也一點都不環保。

減少商品項目，也意味著減少資訊量。在補貨和庫存管理上，也會變得輕鬆許多。

173 把洗碗精當作「萬用清潔劑」

為了因應清潔劑品項的減少，我選用了其他替代用品——洗碗精。洗碗精是專門用來去油的洗劑，因此亦可用來清潔浴缸的皮脂油垢、浴室或地板上的汙垢，以及附著在牆壁上的手印汙漬等。

用水將洗碗精稀釋成10～20倍，略為起泡的程度，並分裝放置在廚房、浴室、廁所（譯注：日本住宅多採用浴廁分離）等處，就能輕鬆開始省錢又環保的生活。

174 善用「檸檬酸」代替化學清潔劑

「如果不想使用化學清潔劑，不妨試試檸檬酸。」

這是某位理財高手所傳授的小妙招。檸檬酸在百元商店也買得到，只要將之溶於水，不只能打掃廁所、浴室，也能作為衣物柔軟精使用。清潔廁所或浴室時，只要在有水氣的情況下直接加入檸檬酸，刷洗後沖洗乾淨即可。雖然通常會建議將檸檬酸與小蘇打搭配使用，但總之先試著單獨使用檸檬酸進行清潔看看吧！

至於清潔用的工具，盡量小而精簡。但若是用不習慣，也無需勉強自己。

175 清洗餐具前，先擦去油漬

沾附厚重油垢的平底鍋或餐盤在清洗前，先用多餘的布料或舊衣服裁剪成的抹布或廢紙等擦去油垢。只需在清洗前留意這個小小動作，就能將洗碗精的用量減少到十分之一，而且還能順便省水。

如果用菜瓜布直接刷洗沾黏肉醬或油垢的鍋碗瓢盆，很容易縮短菜瓜布的使用壽命，有時甚至可能會讓菜瓜布直接報銷。

順帶一提，也很推薦使用免用清潔劑的木棉布或天然菜瓜布洗碗，不僅有助於省錢，還能同時實踐環保的生活。

176 試用新的化妝品

「非用這個不可！」的固執想法，到頭來只會困擾到我們自己。放下堅持，嘗試使用新的化妝品，或許就能讓你的視野變得更加寬闊，荷包和心情也會變得輕鬆。

以前，我總是習慣使用要價五千日圓的名牌粉底，後來改用藥妝店販售的九百八十日圓的ＢＢ霜。雖然剛開始很難接受，但試用後，反而發現ＢＢ霜更好用。

以前習慣擦昂貴的敏感肌化妝水和乳液，現在也都改用無印良品的敏感肌系列產品。無印良品不僅價格實惠，品質也很好，已經成為我愛用的保養品品牌之一。

嘗試新商品雖然需要一點勇氣，但試用之後，說不定就能發現新大陸，擺脫過往的固執想法。

177　洗髮精先搓出泡沫後再抹上頭髮

洗頭髮之前，先將洗髮精搓出泡沫，有助於減少用量。請試著將平時的洗髮精用量減半。只要在洗頭前，先用梳子梳順頭髮，以三十八度左右的溫水沖洗髮絲，並用掌心將洗髮精搓出泡沫後，再抹到頭髮上即可。

這種做法有助於讓洗髮精產生豐富的泡沫。不需用力搓揉頭皮，輕柔按摩即可。想像自己在美容院給人洗頭的感覺，心情也會更放鬆。

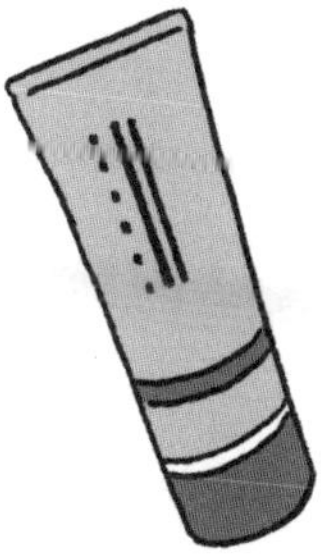

178 設法減少垃圾

減少垃圾，是我認為最難做到的事情之一。

購買東西的同時，我們也會一同買進食物盒、價格標籤、包裝紙等垃圾。每每想到自己花錢買了垃圾，就覺得難過。

不過，我們也不必要強迫自己立刻減少所有垃圾。與其試圖立刻減少垃圾量，不如建立一套減少垃圾產生的機制。

例如，不在所有房間放置垃圾桶，只擺放在大家聚集的客廳；將垃圾袋從四十公升改成二十公升；還能使用的東西，想辦法廢物利用……等等。

我們能做的事情其實很多。透過一些機制或是改變家中環境的巧思，習以為常的行為也會在不知不覺中跟著改變。

179 透過「拂拭」招來「福氣」

相信各位應該都曾聽過一些關於使用吸塵器的省錢技巧，例如盡量避免開開關、使用減弱模式而非強效模式等等。

然而，理財高手的省錢妙招是盡量避免使用吸塵器，改用「拂拭」的方式來進行清潔。

透過仔細觀察家中環境，比如時常徒手觸摸的門把、階梯扶手、小孩睡覺的床鋪、經常被食物弄髒的桌子下方地板等等，並以擦拭的方式清潔這些地方，也能同時培養自己發現浪費以及不必要物品的眼力。

如果沒有抹布，也可以將舊毛巾折成手掌大小來使用。據說，抹布在過去被稱為「淨巾」，帶有淨化之意。就讓我們用淨化的意念，活動全身，專心一致地拂拭環境，體會家中越來越乾淨的變化吧！清除家裡汙垢後，心靈上的疲倦也會跟著減輕，感覺福氣似乎也將隨之降臨。

180 定期確認家中日常用品的庫存

儘管不喜歡同樣東西買了太多，但家裡沒庫存或被家人碎唸「怎麼沒有了？」，更令人倍感壓力。正是基於這種心情，我們每次購物時，總會忍不住多買一些。

其實，只要好好整理浴室櫥櫃，這個問題就能迎刃而解。透過整理排列，家中現有庫存、缺少哪些日常用品都能一目了然。買太多或忘記購買的情況也會隨之減少，讓人忍不住想稱讚自己「做得真好！」。

181 日常用品只預留「一份」備用

收納在浴室櫥櫃裡的日常用品庫存，基本上每樣只要有「一份」就好。不論是洗髮精、沐浴乳，還是清潔劑的補充包，都只需要準備一份。雖然遇上商品折扣時，很容易就會受其誘惑而多買幾件，但如果收納空間塞滿東西，反而會搞不清楚家裡每樣東西還有幾件庫存。

除此之外，建議不妨在儲藏櫃門板上貼個標籤，標示存放了哪些物品，更能一目了然。建議各位妥善整理資訊，並用淺顯易懂的視覺方式呈現，管理起來更加輕鬆。

182 製作備忘錄來防止重複購物

製作備忘錄，可以預防重複購買太多的日常用品。

建議製作三種購物備忘錄：①每月購買清單、②隔月購買清單、③用完再買清單。

每月購買清單包括洗髮精、清潔劑等大約一個月內就用完的日常用品；隔月購買清單包括潤髮乳、浴缸清潔劑等每兩個月購買一次即可的日常用品；用完再買清單則是除霉劑、漂白劑等相對不常使用的日常用品。

決定購買時機，不僅可以有效預防浪費金錢，也

有助於節省時間。此外，思緒也會因此變得有條理，消除思考瑣碎雜事所帶來的壓力。

183 透過「一次買齊」來避免不必要的購物

建議透過網路一次買齊需要的日常用品。如此一來，可以減少購買不必要用品的風險。網站若有回饋購物點數，之後還能折抵，多省下一筆錢。

如果不敢在網路購物，不妨多留意藥妝店的特賣日，在店面一次買齊。

184 把累積的點數用在日常用品上

雖然聽過「集點活動」，但對實際使用點數又有點怕怕的……相信不少人會有這層心理上的障礙。

其實完全不需要擔心。許多理財高手經常使用樂天點數（日本樂天）和T點數（日本 CCC 集團通用的點數制度）。d點數（日本 DOCOMO 提供的點數服務）及 Ponta 點數（日商 Loyalty Marketing 公司會員點數制度）也相當受歡迎。有些人甚至可以用點數來支付所有必需的日常用品。只要事先決定「把累積的點數用在日常用品上」，還能預防點數到期失效的問題。

185 理財高手都具備的「減法」習慣

理財高手個個也都是生活高手，每天提醒自己不要虛度光陰，努力但不勉強地用心生活。他們生活的祕訣就在於「減法」習慣。由於已經習慣凡事從簡，所以不會因此感到不便。

如果從減法的觀點重新審視家事，一定會冒出源源不絕的靈感。

是不是可以再減少些什麼東西？

有沒有其他的替代品？

試著用這種觀點環顧生活四周。相信你一定可以從中找出屬於自己的家事與省錢妙招。

第9章

理財高手的

飲食篇

186 利用「簡易便箋」減少伙食費

每個月都有記帳，伙食費卻還是常常超出預算……對於有這樣煩惱的人，我特別推薦一招實用且輕鬆節省伙食費的方法。

那就是外出買菜前，先簡單地寫下菜單和所需食材，我稱之為「簡易便箋」。有些人光是實踐這招，每月就能省下一萬五千日圓的伙食費。這個方法真的很簡單，只要在去買菜之前，先檢查冰箱還有哪些食材、規劃一下菜單，然後記錄下來。

僅僅如此，就不會在超市漫無目的閒逛，減少不必要的購物。筆記是將腦中想法視覺呈現的魔法道具，只要購物目標明確，壓力自然就會減輕。

187 只規劃三天份的菜單

我不太擅長做菜，所以若是要我規劃出一週菜單，實在太困難了。我原本以為只有我這麼想，後來尋問周圍的人才發現，會規劃一週菜單買菜的人大約只有三成，剩下七成都是當天決定煮些什麼。
然而，若是當天決定菜單，每天都要買菜也很辛苦。
所以推薦各位製作簡易便箋，規劃三天份的菜單與需要的食材。
買菜前先檢查冰箱是否有剩餘的食材，想好包括今天在內的三天份菜單和所需材料，簡單明瞭地寫在便條紙上即可。
「只是這樣的話，感覺我也可以做到！」，不妨帶著輕鬆的心情，嘗試看看吧！

188

規劃菜單時，無需決定配菜

規劃三天份的菜單時，不妨聽從內心與身體的需求。
「這禮拜好想吃炸雞塊」、「入秋了，吃個秋刀魚好像也不錯」，當心中浮現一道道美味佳餚時，趕緊拿筆在便條紙寫下未來三天的菜色，比如「週一：鹽烤秋刀魚／週二：炸雞塊／週三：豬五花肉捲」。
菜單只需紀錄主菜和沙拉或湯品即可。如果試圖列出完美的菜單，最後卻沒做到，又會產生另一種挫折感，我以前也經常這樣。

所以，先檢查冰箱還有哪些食材，寫出未來三天內想吃的菜色及所需材料。

至於配菜，就依照當天手邊有的材料即興發揮。

買菜當天則可以選擇簡單的即食菜色，例如蓋飯、烤魚、生魚片等等，比

較不會手忙腳亂，心情也會更輕鬆。

189 利用「家常便箋」減少亂花錢的機會

開始製作簡易便箋後，建議一起製作「家常便箋」。

家常便箋主要是指牛奶、優格等家中經常購買的食品，多半以早餐餐點為主要內容。

製作家常便箋，有助於養成只在必要時機購買所需物品的習慣。

依照便箋內容買菜購物，就不會被新商品、特價優惠或是熟食小菜所誘惑，減少亂買東西的情況。

190　不需要和其他家庭比較伙食費

據統計，獨居者每月平均伙食費約是四萬日圓，其中約有一萬為外食費用。就理想狀況來說，一個家庭每月餐費最好占實領月薪的15～20％。假設實領薪水為20萬日圓，理想中的餐費最好控制在3～4萬日圓左右。

話雖如此，但也沒必要將這個標準強加在自己身上而備感壓力。標準是為了瞭解自己的價值觀而存在，如果你在生活中很重視飲食，餐費高於標準也無妨。如果希望注重飲食，但餐費低於標準，也許可以考慮多花一點錢在飲食上。

不需要太在意與他人或標準間的比較，著重在自己真正想珍視的事物上才是最重要的。

191　決定每月買菜次數及每次預算

你是否有決定好每月的買菜次數和預算呢？假設一週需要買菜兩次，不妨大致訂定一個固定時間和預算，比如週一和週四、預算各是五千日圓；假設一週三次，則可以是週一、週四和週五，預算各三千日圓。設定固定的預算，就能防止買太多東西。

最重要的是想辦法遵守每次的預算。每當成功控制在預算內時，記得稱讚自己「做得好！」。

192　列出經典菜色

雖然製作買菜清單時，只需要列出「想吃的東西」即可，但有時就是毫無頭緒。這時，如果手邊有經典菜色名單就會方便許多。準備一份寫滿經典菜色的列表，包括自己愛吃的菜色、小孩喜歡的食物、一些簡易食譜等等，張貼在冰箱門上。

可以依照日式、西式和中式等類型，或是按照燉煮、蒸煮、燒烤等烹飪方式分類。另外也可以詢問小孩的意見。準備一桌滿足家人味蕾的餐點，餐桌上自然就會充滿歡樂與正能量。家人隨口說出「好好吃！」的讚嘆，更是對家中廚師最大的回饋。

如果有符合口味的即食調理包，既可省去規劃菜色的麻煩，還有助於節省開銷。

193 早餐準備簡單快速的菜色

我所認識的理財高手中，有些人的早餐固定都是吃飯糰。飯糰只要搭配不同餡料，就能做出多種變化，讓人百吃不膩。

前一天的晚餐如果有剩餘的炸雞塊，可以切成一公分左右的大小，與芝麻一起

推薦的飯糰餡料

和白飯混拌，做成飯糰。也可以將冷凍毛豆、天婦羅花、少許芝麻油加入白飯中混拌均勻，捏成飯糰。用芝麻油炒蛋，再拌入白飯中也很好吃。

吃飯糰可以同時攝取到蛋白質與碳水化合物，若再搭配沙拉或味噌湯，就能攝取到維生素、礦物質和膳食纖維，可以說是一份豐盛的營養早餐。

飯糰方便、美味又營養滿分，製作成本也不高，很適合用來開啟神清氣爽的一天。

194 午餐準備懶人料理

整天待在家中或遠距工作時，最令人傷腦筋的莫過於午餐了。如果到了當天還是不知道吃什麼，容易讓人覺得煩躁，所以建議事先準備一些固定菜色。

韓式泡菜納豆拌飯、雞肉火腿細麵、豆皮烏龍麵、將剩餘食材鋪滿白飯上的「什錦蓋飯」、料超多的味噌湯、炒麵、豬五花炒豆芽菜、鮪魚義大利麵、滑蛋蟹肉羹蓋飯……預先設想幾道簡單菜色，準備起來就很輕鬆。

忙碌的時候，中午可以到鄰近的餐廳或咖啡店用餐，轉換一下心情。偶爾外出用餐可以讓人心情愉快，下午也會更有精神做家事或工作。

錢就應該用在能讓自己和家人開心的地方。

195 不確定家人是否返家用餐時，先準備材料就好

有時心血來潮準備了一桌豐盛晚餐，家人卻表示：「今天不回家吃飯。」，即使用心準備，沒人吃也是浪費。

如果不確定家人是否回家用餐，建議先把材料處理到可以冷凍的階段，備好就好。例如把該洗的洗好、該切的切一切，處理到準備下鍋蒸煮炒之前的階段即可。如此一來，即使沒有烹飪，也可以把材料原封不動地冷凍起來。

生肉及海鮮可以先用味噌或鹽麴醃漬調味，烹調起來也方便。隔天晚餐就能用掉的材料，不妨直接保存在冰溫保鮮室。

多學習一些不浪費的生活小智慧，也是聰明快樂生活的必備技能。

196 在三天內把冰箱裡的食物吃完

當你覺得自己有點亂花錢的跡象時，不妨不去買菜，試著在三天內把冰箱的所有食物吃完。

首先確認主菜的材料。配菜的部分，可以找找深藏在櫥櫃裡的乾貨或罐頭。多餘的蔬菜可以煮成湯品或味噌湯，混入羹料理中也很美味。不妨上網查詢活用剩餘食材製作料理的食譜。

利用現有材料來規劃菜單，會讓人慢慢產生信心。某調查顯示，我們每人每年平均浪費大約六萬日圓的食品材料，相當於每月有約五千日圓的食材被人丟棄或腐壞。讓我們一起實踐吃多少、買多少的好習慣吧！

197 把用途未定的冷凍肉品與海鮮移到冰溫保鮮室

把想盡快用完的食材保存在冰箱顯眼的地方，就不容易忽略。如果在冷凍庫裡挖出埋藏已久的肉品或海鮮，建議先移到冰溫保鮮室解凍。冰溫室的溫度比冷藏室低，大約攝氏0度上下，食材解凍的同時，還可避免鮮味流失。

在進行上一節〈在三天內把冰箱裡的食物吃完〉的挑戰時，將冷凍肉品或海鮮取出所需份量解凍使用，即可避免剩餘或浪費。

198　把想優先用完的材料擺在冷藏室前方

大型冰箱有一定的深度，食物很可能因為彼此相互遮擋而慘遭遺忘。所以請務必將賞味期限快到的食品、希望儘快用畢的材料和剩餘食材往前方放。

如果能在買菜前一天清空冷藏裡的食物，就可以減少食材剩餘的情況發生。紀錄沒吃完的食材，張貼在冰箱門上，作為下次買菜的參考。

「茄子經常有剩」、「青蔥老是擺到壞掉」等等，了解自己容易用剩的材料，就能調整購買份量。多花點心思，可以讓買菜更精打細算。

199 購物時不使用推車，自己手提購物籃

在超市購買商品的件數，通常是未使用購物籃時最少、手提購物籃時次少，推推車時最多。假設「今天只打算買魚」，建議直接前往海鮮區，不使用購物籃，把商品直接拿在手上。

如果需要使用購物籃，建議用手提，一面感受籃子的重量，一面購物。當你感覺購物籃變重時，代表差不多該去收銀檯結帳了。在買太多東西之前，趕緊去結帳吧！

等你習慣這種買菜模式後，甚至可以透過籃子的重量，預估當天的消費金額。比如「這個份量大概三千上下」、「這些大概要六千塊吧！」。如此一來就能遵守每次的預算，自然而然地輕鬆節省伙食開銷。

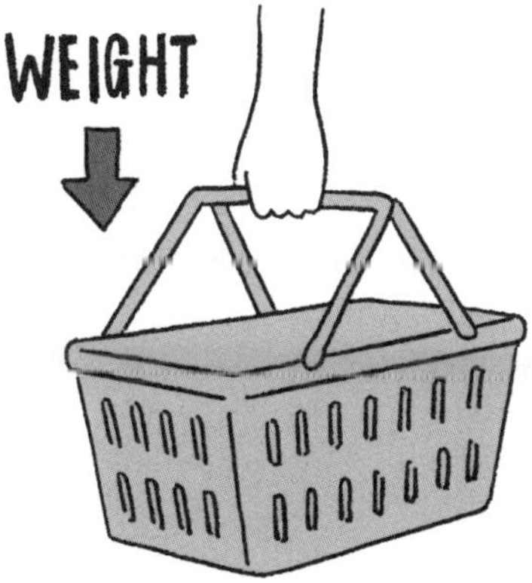

200 逛超市時，從「高單價區」逛到「低單價區」

超市的商品陳列，通常是越接近出入口，商品單價越低。請試著回想看看，一進入超市後，迎面而來的是否多半是蔬菜區呢？這是因為蔬菜的單價較低，容易突破人們的心防，將之放入購物籃裡，但也因此很容易不小心購買到不必要的商品。另一方面，由於肉品、海鮮的單價較高，所以通常會在離超市入口最遠的區域。

了解超市賣場商品陳列的架構後，下次去購物時，請試著從高單價賣場逛到低單價賣場。

也就是先挑選肉品、海鮮，再走到單價較低的蔬菜區。如此一來，就可以冷靜挑選，不被低價所迷惑。

201 發現半價或特賣商品時先深呼吸

傍晚以後去逛超市，可以發現許多食品上貼著「30%OFF」的貼紙。如果心中冒出「好划算！先搶先贏！快拿！」的想法，可能就會不經思索地直接放入購物籃裡結帳回家，結果伙食費比平時花得更兇……。我以前也有過這樣的慘痛經驗。

事實上，購買折價商品並不表示會更省。折價或特賣商品容易讓人失心瘋，這時候更需要冷靜思考，好好想想是否真的有必要購買，以及是否真的很便宜。如果可以淡定地做出「今天先不用」的決定，記得誇讚一下自己夠冷靜。

202　不要只看價格來挑選食材

為了節省餐費而淨買便宜食品，將來很可能會為此付出代價。便宜食品中可能含有危害健康的物質，長期攝取，會讓人更容易染上生活習慣病，導致醫療費用增加。

挑選食材時，不要光看價格高低，也要顧及健康。

當季蔬菜、青花椰菜苗、小番茄、蘋果、酪梨、海帶芽梗、海蘊、鯖魚罐頭、韓式泡菜、豆類……便宜又營養的食物比比皆是。

203 排隊結帳時，確認購物籃裡的食材是否營養均衡

我所認識的理財高手們，在買菜時，都會兼顧健康層面。他們通常會在排隊結帳時，查看當天的購物是否兼顧營養均衡。

結帳前，不妨看看購物籃中有沒有太多含有一堆添加物的加工食品及冷凍食品。這些食品雖然方便，但就經濟與健康來看，都稱不上是最佳選擇。比較有空閒下廚的時候，不妨添購健康食材，給自己一個保持身心健康的機會。

204 挑選蔬菜的聰明方法

我一直認為，懂得選購普通蔬菜和無農藥蔬菜的人，也懂得照顧自己和家人的健康，同時也善於財務管理。在財務許可的情況下，不妨選擇無農藥蔬菜，兼顧金錢與健康的平衡。

即使不是無農藥蔬菜，只要好好清洗、削皮、剝除外層葉片、用菜瓜布刷

洗根莖菜類，就能去除農藥。仔細挑菜、洗菜或汆燙，也可以達到相同成效。如果不嫌麻煩，汆燙前，可以先用50度左右溫水浸泡蔬菜，葉菜類泡20秒，根莖菜類浸泡2、3分鐘。

205 把調味料分成「基本款」與「有的話很方便」

現今市面上調味料、沙拉醬種類繁多，很多都會讓人忍不住想買來試試看。但因好奇而買來的調味料經常剩餘，不知不覺中就超過賞味期限。

在此建議各位，不妨將自己心目中的調味料分成兩種，一種是「基本款」，另一種則是「有的話很方便」。當你非常想買「有的話很方便」的調味料時，請先冷靜思考是否真的有所必要。特別是沙拉醬，建議各位不妨自己動手做做看。於沙拉中淋上橄欖油、醋，灑些胡椒鹽拌勻，就能為平淡生活帶來小確幸般奢華的享受。

基本款調味料

醬油　味醂　料理酒　砂糖

鹽　醋　番茄醬　美乃滋

有的話很方便的調味料

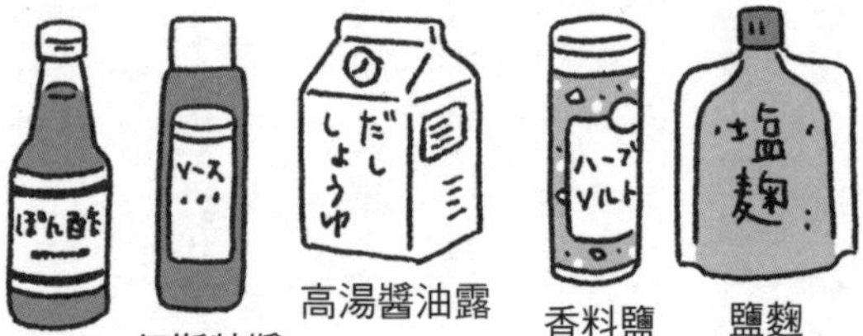

柚子醋　伍斯特醬　高湯醬油露　香料鹽　鹽麴

咖哩粉　起司粉　蒜泥　薑泥　韓式辣椒醬　燒肉醬　一味辣椒粉

206 適度變通有助於兼顧預算

理財高手會在有限的預算內發揮創意，享受美食。不用竹筍，改用豆芽菜來炒青椒肉絲；想煮乾燒明蝦但沒有蝦子時，就用油豆腐替代。不要去想「沒有這個材料，所以煮不出來」，而是因為具有「沒有材料也無所謂」的自信，所以可以在食譜上發揮各種創意。

「包餃子沒用完的高麗菜可以拿來做沙拉。」

「萵苣比較貴，改做豌豆苗沙拉好了。」

「今天五花肉還有剩，明天可以拿來煮豬肉蔬菜湯。」

……諸如此類，將腦中乍現的靈光付諸實踐。

即使伙食費預算不多，多花點心思，絕對也能煮出一桌美食。若能成為享受其中的人，每日三餐一定會更有樂趣。

207 利用「故鄉納稅制度」取得白米

白米是打亂每月伙食費預算的不確定因子之一。原以為「這個月應該可以控制在預算內」，到了月底才發現米缸見底，導致預算超支。

我從某個時間點開始，改成透過故鄉納稅制度取得白米。有關故鄉納稅制度，將在第十二章中詳細介紹。總之，透過選擇白米作為故鄉稅的回禮，有助於節省伙食費支出。

208 酒水每月網購一次

你是否努力節省伙食費，卻不知不覺中花了許多酒錢？每個月透過網路，一次買足所有酒類商品，可以避免花太多錢在酒水上。如果家人都愛來一杯，不妨每月召開一次家庭會議，在預算內各自挑選喜歡的酒，同時也有助於共享家庭的經濟情況。

除了酒水以外，食材也可以預定每次消費預算，透過網路超市購買，有效防止超支。

209　購物是為了讓你和你所重視的人開心

前文中介紹了許多利用「簡易便箋」買菜的方法和各種省錢妙招，但花錢讓自己和重要的人開心，也是非常重要的一件事。

有次我和朋友去逛好市多。朋友看我一面盯著手中的購物清單，一面尋找商品，隨口說了一句：「我今天要幫家裡每個人買他們喜歡的東西呢！」，聽到這句話的我，突然覺得一心專注在清單上的自己有點難以為情。

確實，購物的目的並不只是為了購買精挑細選過後的必需品。購買能讓重要的人或自己開心的東西，也是購物的樂趣之一。

希望各位也別因為太過於專注在省錢上，而忘了購物的樂趣。

MILK
優格

第10章

理財高手的

育兒篇

210 不要在孩子面前叨念「沒錢」

孩子討零用錢時，大人常會脫口說出「沒錢」。以前我也總是這樣。這種時候，建議改用「已經規劃好其他用途了」，來替代「沒錢」的說法。

孩子會模仿父母的口頭禪。為了不讓孩子長大後養成把「沒錢」掛在嘴邊的習慣，家長在談論金錢時，應該多加注意用字遣詞。

211 「理財教育」從父母的自言自語開始

各位不妨試著多和孩子聊聊金錢，即使他們不感興趣也沒關係。就算只是自言自語，孩子們其實都有聽在耳裡。

「媽媽我啊，最近開始學習理財了呢！」

「我寫了一份購物清單喔！」

「這個月的購物都有控制在預算內呢！」

「日經平均指數上漲了耶！」

……諸如此類。如果平常就會聽到父母說些金錢相關的事，孩子自然而然也會開始對錢產生興趣。孩子們的理財教育，不妨從父母的自言自語開始。

212 比起「給多少」零用錢，更重要的是「為什麼給」

給孩子零用錢時，希望各位把重點擺在「目的」而非「金額」。如果每次都答應小孩的要求，就無法培養他們的金錢觀。理財高手在給小孩零用錢時，會同時告訴他們錢財的用法和賺取的途徑。

將零用錢設定為固定金額，孩子就會思考如何在有限的資金內靈活運用，從中學習用錢的方式。另外，如果給他們額外的零用錢作為幫忙的獎勵，他們也會學到如何賺錢。

曾有一名女士為了先生的花錢問題找我諮商。據說，先生從小只要跟婆婆要零用錢，都一定會成功，結果養成先生只要手上有錢就會馬上花光的習慣，令太太非常苦惱。

為了讓孩子長大後不會為錢所困，建議從小教導他們如何正確用錢與學會賺錢。

213 讓孩子愛上數學的「金額剛好遊戲」

小時候，每次跟母親去逛超市時，她都會讓我玩「金額剛好遊戲」。從母親把第一個商品放入購物籃的那刻起，遊戲就正式開始了。我會計算購物籃裡的商品總額。

結帳時，如果我能在收銀機顯示總計金額前說出正確數字，就算過關；如果比收銀機慢或數字錯誤，都算失敗。

這個遊戲也很適合用來教小孩子算數。據美國某項研究顯示，擅長算數的小孩更樂於捐款和存錢；不善於算數的小孩則容易對金錢抱持不安全感。換言之，如果從小就能好好訓練算數能力，成人之後在財務管理上也會更得心應手。

214 與其幫孩子存壓歲錢，不如讓他們練習「如何用錢」

許多人會建議孩子把壓歲錢存起來，但我認為比起儲蓄，讓他們練習花錢更為重要。光是存錢，並無法學會金錢的正確知識與價值觀。為此，我家會讓孩子將壓歲錢當做一整年的零用錢使用。

讓孩子使用自己的壓歲錢，他就會開始思考，要在什麼時候、什麼情況，如何使用這筆錢才好。哪些東西可以買？哪些東西不值得買？不覺得，培養孩子這些觀念，遠比光是存錢來得更重要嗎？

舉例來說，假設都是收到3萬日圓的壓歲錢，有些孩子可能會把這筆錢平均分成12份，每個月使用固定金額，並視情況自行調整。

有些孩子可能會在上半年就不小心把錢花光，之後就算想買其他東西，也只能乖乖忍耐。

有的孩子會自己決定把壓歲錢的一半存起來、另一半才當成零用錢使用；有的孩子則會把全部的壓歲錢都投資在某樣自己認為非常重要的東西之上。

無論何種情況，請試著讓孩子自由運用自己的壓

歲錢。不管結果好壞，重要的是讓孩子們自己決定如何用錢。

215 孩子的才藝費，建議占月薪的5～10％

孩子學才藝或補習的費用，以父母實領月薪的5～10％為原則。沒必要因為孩子的朋友們都在學某項才藝，而強迫他們也一起去學。硬逼他們學習或死記，無法真正吸收知識或者掌握技能。

透過讓孩子不斷自己做主，逐漸培養出「自己的人生掌握在自己手中」的主體性。理財高手能夠清楚分辨孩子的自主性，並根據孩子的需求，將錢正確地投資在其身上。

216 鼓勵並支持孩子學習外語

父母可以送什麼樣的禮物，來幫助孩子拓展未來的可能性呢？我認為其中一項是支持他們學習外文。

如果能流利運用使用人數眾多的語言，比如中文、英文、印度文、西班牙文等等，一定能大幅擴展孩子未來的可能性。

據說現有職業中，有47%可能會在未來十年內消失，而我相信，學習外文有助於減少這方面的擔憂。

217 開立孩子專用的銀行帳戶

據某調查顯示，相較於小時候沒有銀行帳戶的人，從小就擁有銀行帳戶的人更能夠有計畫地儲蓄，減少浪費。

等孩子到了讀小學的年紀，就能去銀行辦理他專用的銀行帳戶。擁有自己的銀行帳戶，對孩子來說也是一種非常興奮的體驗。

辦理開戶時，建議家長不要過度干涉，讓當事人自己用零用錢存入第一筆資金。

雖然有些人會在純網路銀行開戶，但我個人不建議一開始就讓孩子使用純網銀。因為在網路上的金融交易，無法讓孩子體驗實際存款或提領現金的真實感受。

人生第一個銀行帳戶，建議還是帶著孩子前往實體銀行辦理。這不僅對孩子來說是個難忘的體驗，也會幫助他們一步步成為懂得存錢、減少浪費的大人。

218 親子都開立證券帳戶

即使聽到「幫孩子開立證券帳戶」的建議，有些家長可能認為連自己都不懂投資，怎麼可能幫孩子開證券帳戶？的確，連自己都一竅不通的事，一般不太會推薦孩子嘗試。但正因如此，我更希望各位開立自己和孩子的帳戶。

為了幫孩子開戶，就必須先開立自己的證券帳戶。要幫未成年子女開立證券帳戶，現行規定是父母必須先擁有該證券公司的帳戶。（編註：此為日本現行規範，台灣現行規範請洽詢各證券公司。）

因此，請先開立自己的證券帳戶，然後再以孩子名義開戶。

219 把「投資信託」作為孩子的生日禮物

在孩子出生時即為其開立證券帳戶，也是一個不錯的生日禮物。以現年10歲的孩子為例，假設家長在孩子出生時，便已為其購買一份100萬日圓的投資信託作為禮物，現在價值可能就已達到1000萬日圓。

據說在美國，有個習慣是會購買國債當作慶祝孩子出生的禮物，並在子女年滿十八歲時正式贈送給他們；在日本，有許多人選擇投保學資保險（譯注：一種學生教育費用補助保險），或許亦可考慮辦理證券帳戶。

220 計算孩子上大學第一年的總花費

建議各位，與其擔心孩子讀大學四年所需的龐大花費，不如先了解第一年的所需費用。這是為了確實準備資金，最重要的第一步。

在日本讀大學，因為第一年的所需費用包括入學金（譯汁：進入大學就讀的費用，只需在入學時繳交一次），所以費用最高。包括報考費用、入學金和第一年的學雜費等等，所需金額大約是100～150萬日圓。

孩子決定報考的學校以後，建議家長試算入學後第一年所需花費的確切金額。接著在孩子讀高三的三月以前努力籌錢，相信就能減輕不少負擔。（編註：日本學制會在三月畢業、四月正式入學）

221 清償就學獎學金其實一點都不輕鬆

假設真的籌不出大學第一年的費用，也可以考慮申請就學獎學金。看到「獎學金」，不少人會以為免利息，但那是以前的情況。現在，獎學金中有七成金額是帶

息的借款。

舉例來說，假設大學四年借386萬日圓的獎學金，貸款利息為0.1％，則還款金額總計約390萬日圓。若是開始工作後每月償還1萬6000日圓，需要耗時20年才能還完就學獎學金。

說不定還會有人會因此面臨「還清就學獎學金之前不能結婚」的困境。

如果需要申請這類就學獎學金，請先與孩子討論還款計畫。如果不想讓孩子承擔還款壓力，不妨考慮由家長申請教育貸款。（編註：上述「就學獎學金」僅適用於日本，台灣的類似政策可參考「就學貸款」，詳細規範請洽詢各行。）

222 和孩子討論學費

為孩子準備學費，或許是父母們心中最惦記的一件事。

然而，因為太愛孩子而給予過度的金錢，這種做法是否正確仍有待商榷。

畢竟，這相當於剝奪了孩子獨立思考金錢與主動賺錢的機會。換句話說，他們因此失去了自己創造金錢的機會。

如果孩子已經上高中，建議與他們分享家中的經濟情況，並鼓勵他們自己工作賺錢。

這些事情等孩子大考結束了再一起討論都來得及。例如，或許可以考慮大學第一年學費由父母全額負擔；第二年起讓孩子自己打工賺錢，負擔部份。讓孩子「自食其力」，也是身為父母應該給予的另一種教育機會。

223 孩子的金錢觀在七歲前就已經定型

「據說，大部分有益於金錢管理的習慣在七歲時便已定型。」——出自《影響孩子一生的金錢對話：全美理財教育專家給父母的建議》（貝絲．柯林娜著，先覺出版）。其實孩子們都在注意父母用錢的方式，他們會仔細觀察父母下意識的反應，從中塑造價值觀。

我的父親時常弄丟錢包。每每發生這種情況，母親總是相當無奈；然而，父親看上去一點都不在意，即使弄丟錢包，他也只是笑笑：「錢沒有不見，只是去到需要的人手上。」

每當我無意中把錢花掉的時候，總是會想起父親的話。「錢到了需要它的人手中」，如此一想，內心就會慢慢平靜下來。

為人父母，應該盡量在孩子面前展示對金錢從容不迫的一面。為了達成這個目標，我們可以從小地方一步步著手。孩子看在眼裡，就會慢慢成長為一個能夠坦然面對金錢的人。

紅包
5000

第11章

理財高手的

養老篇

224 製作財務筆記本

規劃老年生活時，我們需要準備一樣東西，那就是財務筆記本。

在財務筆記本中，請紀錄銀行名稱、帳戶號碼、證券公司、帳戶ＩＤ、投保保險等資訊。即使查過相關的金融資料，也可能會立刻忘記，建議不要太相信自己的記憶力，把這些資料全部手寫下來，才會比較安心。

不管你是因為難以啟齒和另一半談論金錢，還是因為除了自己之外，也很擔心父母的晚年生活，都可以在準備製作財務筆記本時，趁機詢問對方的銀行帳戶和密碼，這樣也會更加安心。製作財務筆記，可以成為與家人討論金錢的契機。不妨先從自己的資料開始整理，再找機會建議家人：「我把證券類文件整理在文件夾裡，做了一份財務筆記。媽媽，我覺得妳也可以考慮做一份耶！」。

百元商店就有販售財務筆記本。市售的筆記本已經事先規劃好填寫欄位，可以清楚知道需要紀錄的各項資訊。

225 透過每月存款的方式，來消除對老年的不安

我想大部分的人即使聽聞老年需要２０００萬日圓的存款才足夠花費，面對如此龐大的金額，一時之間也是毫無頭緒。再者，眼前的生活可能已經讓人筋疲力盡，金錢上和心理上都無暇去擔心未來的事。但是，其實沒有必要太過在意「２０００萬」這個數字。

這種「遠慮」，是將自己寶貴的精力耗費在尚未發生，或者根本不一定會發生的事情上。過度的擔憂，只會損耗你原本應該投注在重要事物上的心力。

等子女的教育花費告一段落後，再來思考老年存款都還來得及。而且，重要的是存錢經驗的累積。有沒有存錢的經驗？能否將收入的一部分留給未來的自己和家人？這些經驗累積，都有助於減緩你對老年的不安。

226 了解「現況」，展望「老年」

話雖如此，凡是人，一定都會對未來的老年生活感到擔憂。這種時候，你需要的是先了解現況，才能展望未來。退休後需要多少存款才足以應付開銷？何時可以開始領取年金？可以領到多少？何時可以領退休金？……掌握這些現況，內心會比較平靜。

而所謂的展望，是建立一套機制，試著預見未來。例如，下一節介紹的〈假設自己「可以活到幾歲？」〉就是展望未來的方法之一。

透過這兩種方式，可以讓未來變得更加清晰明亮。為了不讓自己為將來苦惱，同時也能好好享受當下，請先了解現況，展望未來的老年生活。

227 假設自己「可以活到幾歲？」

解決了子女的教育費用後，請繼續存錢，並開始為老年做準備。

在此我想建議的是，請各位試著假設自己會活到幾歲。你覺得自己會活到

80歲嗎？還是100歲呢？這個假設會影響到你需要的存款金額。或許有人會認為：「想像自己何時死亡，未免也太痛苦了……」，但人需要學會接受死亡，才能好好活著。唯有正面思考死亡，才能決定如何分配現在所擁有的資產。

例如，一對夫妻假設自己可以活到90歲。如果65歲退休，未來生活還有25年才會到90歲。他們需要做的是，計算這25年內，除了年金以外，可能還需要多少錢才能頤養天年。最後計算出來的數字，就是他們必須在65歲以前籌措到的存款金額。透過試算具體金額，可以避免存錢存過頭或存太少。

228 計算「老年獨居」所需資金

獨自生活的人，也請以同樣方式試算自己老年所需要的金額。

2020年家庭收支調查顯示，65歲以上無工作單身世代一個月的平均支出為14萬4687日圓，主要來自年金給付的收入為13萬6964日圓。換言之，每月平均透支7723日圓，假設活到95歲，需另外為這30年準備278萬280日圓。

雖然常有人說：「老年生活需要2000萬日圓。」，但透過以上的試算，相信各位可以發現，事實上並沒有想像中那麼可怕。

229 預估「接受照護」所需資金

即使將來自己需要照護，也不想給子女帶來麻煩。但是，不知道照護要花多少錢，令人更加不安……正因為無法預測未來會發生什麼事，所以希望盡可能減少不安因素。

根據2018年日本生命保險文化中心的調查結果顯示，每月照護費用平均是7萬8000日圓，接受照護時間平均為4年7個月，加上一次性支出平均69萬日圓，總計需要約500萬日圓的照護費用。

此外，居家照護與機構照護的費用差異甚大。私人的照護型老人之家，每月費用約為20萬到40萬日圓。

人人都希望自己最好不要發生需要照護的情況，但事先了解所需費用，可以消除一無所知帶來的焦慮感。

230 利用年金定期通知，了解未來可以領取金額

你有申請年金定期通知嗎？年金定期通知是一封明信片，可以了解年金年資等情況。年滿50歲以後，明信片上還會顯示未來可領取的年金預測金額。

如果你開始規劃養老金，不妨先透過年金定期通知，掌握未來可領取的年金金額。即使手邊沒有明信片也沒關係，只需前往「年金網」官網註冊，即可確認未來可領的年金金額。首次註冊完成之後，密碼會於日後以明信片方式寄

到家中。註冊所需時間不超過十分鐘。

許多人口頭上常說擔心晚年生活，卻極少人清楚自己未來實際可領到多少錢的年金。了解實際的數字，就能紀錄在記事本或手帳上，讓自己安心。（編註：此為日本年金機構提供之服務，並不適用於台灣現況）

231 確認可以領取多少退休金

無論是上班族或公務員，如果預計工作到退休，一定都很在意能領到多少退休金。然而，要開口向公司詢問退休金事宜，難度實在太高。

這種時候，不妨向公司表示自己正在為將來做打算，所以希望了解退休金事宜，通常都能得到正面的回應。以「為將來做打算」的方式提問，也不會給公司留下不好的印象。如果還是開不了口，不妨查詢公司的「退休金規程」。

關於金錢，重要的是善盡調查研究，不要只是模糊猜測。所以不要光想不練，認真找出明確的答案吧！

了解退休金的金額後，也別忘了紀錄在年金手帳上。

232 了解「企業型確定提撥年金」餘額

有些人會加入公司的企業型確定提撥年金（企業型ＤＣ）制度（編註：類似台灣的「勞退自提」），卻沒有意識到自己正在投資。

企業型ＤＣ是一種公司提撥資金，交由員工自由運用的年金制度。大部分的人是依循公司制度加入，因此許多人不清楚「自己收到的提撥金額」，也不知道「專用戶頭裡有多少餘額」。

有些企業會以「薪資＋另一筆現金」的方式提供提撥金，讓員工「自行運用」。在這種情況下，如果不自行加入ＤＣ制度，便無法累積資產。

首先，請查明公司提供的企業型ＤＣ註冊資訊，找出自己的網站ＩＤ與密碼。接著只需從網站登入，即可查看餘額，也能開始進行投資。（編註：此為日本「企業型確定提撥年金」之情況，並不適用於台灣現況）

如果家人對金錢漠不關心，不妨問他：「我正在學習金融理財，可以幫我查查你公司的企業型ＤＣ的相關資訊嗎？」，藉此了解他帳戶裡的餘額。

向先生表明你正在學習，他就不會覺得自己正在接受質詢。與家人談錢時，請盡量展現你的體貼。

233 了解如果離婚的話，可以領取多少年金

如果有金錢方面的擔憂，就算想離婚也不敢冒然提起。

假設先生是上班族、太太為家庭主婦，離婚後，太太可分得先生二分之一的年金，但僅限婚姻期間繳納的部分，而且必須在離婚的次日起兩年內提出申請。（編註：此為日本政策，台灣類似條款請參考「離婚配偶年金分配權」）

此外，包括房屋、儲蓄等夫妻所有財產，都將平均分成兩半。

提出離婚前，建議先查清夫妻所有財產分別存放在幾間銀行、總額多少，了解所有資產狀況。實際調查研究，可以減輕心中的不安。

234 利用「iDeCo」或「NISA」增加老後資產

如果有人向你提議「利用投資來增加自己的養老存款」，你會有什麼想法？

我相信一定有不少人認為「感覺是詐騙」、「好恐怖」、「感覺錢會越變越少」……我以前也很害怕投資，光是聽到對方提起投資兩個字，就心生戒備，告訴自己「不可以被騙」。

然而，其實我們所有人都早已參與在投資之中。因為我們將來領取的年金，便是透過投資的方式在管理。

我不建議各位透過投資來增加現在需要的資金，但如果是為了確保十年、二十年後的未來所需資金，投資會是一個很好的方法。

打個比方，投資就好比梅酒，透過長時間的陳釀，可以增添風味，變得更美味。

就像剛開始浸漬梅酒時，會有許多注意事項，投資初期，也有不少必須留意的地方。只要能遵守這些注意事項，之後只需要交給時間，人多都能獲得豐碩的成果。

此外，就如同梅酒的保存地點會影響其風味一樣，資金的存放標的也會影響其增值的程度。關於養老金，建議各位存放在ｉＤｅＣｏ、ＮＩＳＡ（小額投資免稅制度）或累積型ＮＩＳＡ。（編註：此為日本獨有制度，並不適用於

台灣現況）

235 任何人都能做到的「微FIRE」

你有聽過 FIRE 嗎？FIRE 是取自英文「Financial Independence（財務獨立），Retire Early（提早退休）」的字首組合而成，意指提早離開公司，運用資產取得被動收入，並將之用來支付開銷的生活型態。想要實現FIRE，需要擁有龐大的資產。然而，如果是「微FIRE」，並不是一項不可能的任務。

舉例來說，假設你將每月省下的3萬日圓與斜槓賺取的3萬日圓，合計6萬日圓拿來投資。每月投入6萬日圓，投資報酬率為5%，則20年後的總資產約2470萬日圓。只要不從中抽出資金，持續投資，每年將可獲得約100萬日圓的利息。

如果每年都能領到這麼多利息，再加上年金，無需工作，也能安穩地生活。關於FIRE，市面上有許多相關書籍，各位不妨自行閱讀了解。

236　哪些人不適合iDeCo？

iDeCo（個人型確定提撥年金）是個人每月提撥自訂的固定金額，自行管理投資的年金制度，可減免所得稅和住民稅。（譯注：住民稅是向居住地的地方政府繳納的稅金）

然而，60歲以前無法提領帳戶中累積的資產。如果接下來你有買房計畫，或需要籌備子女就讀大學的資金，請先不要衝動。假設你在緊急狀態下，沒錢會感到驚慌失措，iDeCo可能不適合你。

237 利用「累積型ＮＩＳＡ」確保老後資產

儘管ｉＤｅＣｏ在60歲以前無法提領累積的資金，但累積型ＮＩＳＡ隨時可自由提領。累積型ＮＩＳＡ是日本政府專為投資新手建立的制度。一般而言，投資所得利益必須扣繳約20％的稅金，但累積型ＮＩＳＡ予以免除，且一年投資上限為40萬日圓，免稅期間最長20年。

例如，假設每月投入３萬日圓，20年後累計７２０萬日圓。如果年化報酬率為３％，則20年後的獲利近２６５萬日圓，總計資產約９８５萬日圓。此外，獲利的２６５萬日圓無需繳納20％的稅金，相當於比一般投資多賺了約52萬日圓。如果每月無法投資３萬日圓，投入５０００日圓、１萬日圓都可以。無論金額大小，利用累積型ＮＩＳＡ為老年儲備養老金，就能安心許多。

累積型ＮＩＳＡ只能購買日本金融廳選定的約１２０種投資信託，所以可以放心開始投資，建立資產管理的信心。

238 夫妻間遺產稅免稅門檻為1億6000萬日圓

當你開始思考自己的晚年生活，一定也會在意起父母老後的情況。尤其遺產稅是必須深入思考的議題。遺產稅是針對繼承死者財產所徵收的稅金。

在日本，繼承的財產如果低於3萬日圓＋（600萬日圓X法定繼承人人數），無需繳納遺產稅。（編註：台灣遺產稅免稅額請參考財政部最新資訊）

此外，夫妻間遺產稅的免稅額，最高是1億6000萬日圓。

如果在與父母或家人的日常對話中，發現他們持有的股票、存款、不動產等等資產總額可能產生遺產稅，建議在他們身體還健康的情況下，儘早諮詢稅務人員。在生前有許多可以事先處理、減少稅金的方式，而這也是與父母討論金錢的好機會。

239 如何調整人生百年時代的「金錢觀」

將來收入、年金可能逐漸減少，人生百年時代已經到來。

在這個未來充滿不確定性的時代，我們需要擁有彈性思維，才能應對各種情況。

不固守著單一工作，展開全新事業。

不侷限在舒適圈中，搬往新的地區。

不受舊生活型態的約束，擁抱新的生活方式。

如果能擁有這種彈性，無論發生什麼事，都能安然地活下去。

在這個瞬息萬變的世界裡，比起安全感，我們更需要的是滿足感，靈活又比穩重來得更重要。無論身處什麼情況，我們都應該接受自己的處境，以開放、彈性的思維與心態，持續前進。

240 人生最重要的是「快樂地活在當下」

我們總是銘記過去的記憶，並將未來描繪成過去的延伸。曾經為錢所苦的人，那些記憶會讓他感到不安，下意識地認為：「未來可能也會不太順利。」，但是，過去如此，並不代表未來也是相同的情況。

把過去和未來分割開來吧！無論何時，我們都能創造全新的「現在」。快樂地活在當下，用笑容度過每一天，沒有什麼事比這更重要。如果此時此刻的你，能感覺到自己快樂又幸福，那麼未來肯定也會是充滿幸福與希望的。

241 理財高手同時也是健康達人

要成為理財高手，首先最重要的是要擁有健康的身心。要克服困難，需要堅韌且充滿彈性的心靈素質。唯有健康，才能培養強大的精神。注重飲食營養均衡、運動、保持心情愉快，這些都是對未來的投資。

擁有再多的金錢，沒有健康，也無法享受金錢的價值。而且，不論未來發生任何變化，只要擁有柔韌的身心，凡事船到橋頭自然直。如果能擁有這樣的心態，就不會對金錢產生過度的焦慮。

242

試著想像幸福的老年生活

請試著想像你心目中理想的老年生活。

早上隨著陽光灑落自然甦醒。享用完早餐後，打理庭院。下午外出去跳熱愛的草裙舞，回程轉去超市繞一圈，晚上用自家庭院種植的蔬菜煮一桌好菜，飯後泡個舒適的澡，鑽進溫暖的被窩中沉沉入睡。

在你所描繪的幸福生活中，住在什麼地方可以獲得舒適的環境？附近有超市或醫院嗎？

如果發生萬一，有人可以依靠嗎？

你可以獨自一人完成所有的家務事嗎？

此外，靠年金生活時，你可以維持與現在同樣的生活水準嗎？尤其是原本高收入的人，進

入年金生活後，大多難以維持相同的生活條件。所以建議各位用長遠目光提前準備，讓自己能夠在年金可負擔的範圍內好好生活。

243 無關年齡，勇敢追求夢想

離職或退休只是一種形式，並不表示工作就此結束。日清食品創始人安藤百福在48歲時研發出雞湯拉麵、肯德基爺爺哈蘭．桑德斯在65歲時創業。

人人都擁有夢想。即使有人自認為「我早已失去夢想」，但傾聽內心的聲音，或許會聽見：「說不定我做得到！」、「我還有想做的事！」，感受到自己的可能性。

如果心中出現想達成的目標，請仔細描繪那個夢想，並且每天專心一致地，投注時間、金錢與精力，朝夢想前進。

人們常誤以為，隨著年齡增長，自己可以達成的事情只會越來越少，但事實絕非如此。我們的靈性會隨著年齡增長而綻放更多明亮的光采。無論幾歲，我們都能善用自己被賦予的能力，幫助他人，度過有意義的人生。

第12章

理財高手的

投資篇

244 害怕的話，就別碰「股票」與「投資信託」

如果你很害怕錢會不見，建議先不要進行股票投資和投資信託。金錢與我們的情感相連，很容易相互影響。「股價下跌的話怎麼辦？」、「如果把錢賠光怎麼辦？」……當你內在存在著種種不安時，看著每日價格的波動，只會讓心情越來越糟。

「存到一定金額了！」、「什麼投資都不做，風險反而更大。」，當你的心境開始轉變，這時候再來開始思考投資。首先，就以學習作為開始投資的第一步。

245 投資要從「書本」學起

希望自己有幸能與宛如摯友的好書相遇。

「書本」這位朋友，可以成為幫助你培養獨立思考的良師益友。建議多多閱讀各種不同類型的書籍，從家務管理到斜槓、投資，等你博覽各個領域的書

這個名詞的時候，其實一點概念都沒有，直到我第一次購買指數型基金，才真正理解「原來是這麼一回事」。這件事讓我體悟到，唯有實際行動，才有辦法真正理解。

「投資很恐怖。」，你之所以會這麼想，是因為從來沒有將所學付諸實踐。唯有自己慢慢地從小額開始嘗試，對投資的恐懼才會逐漸消失。

個人認為，剛開始不妨先從iDeCo與累積型NISA開始嘗試。將購買的股票及基金加入「MoneyForward ME」或「Yahoo! Finance」等APP，即隨時可查看價格漲跌，非常有趣。

248 不敢投資的人，不妨先從「點數投資」試試水溫

「我還是克服不了用現金投資的心理障礙。」，有這個想法的朋友，推薦不妨試試「點數投資」。

點數投資是用點數取代現金購買股票或投資信託的服務。反正是點數，即使失敗虧損，相對地也不會太難過。

目前熱門的點數投資包括：樂天證券推出的樂天點數投資、SBI NEOMOBILE證券推行的T點數投資，以及SMBC日興證券的日興FROGGY推出的d點數投資。

點數投資的好處是可以輕鬆入門。許多證券公司從一百點數即可開始投資。然而，證券公司的管理和銀行同理，擁有太多個帳戶會使管理變得複雜。如果你已經擁有iDeCo、NISA、累積型NISA的帳戶，建議還是從這些地方進行投資就好。

249 最適合建立投資規律的「定期定額」

理財高手擅長保持穩定的規律。在家庭財務管理方面，他們會好好地遵守每月的預算；在投資方面，他們會固定將每月存款投入投資。他們已經建立每月的規律，所以不會中途放棄或變更。

有一套方便的機制，可以幫助我們建立投資規律，那就是「投信定期定額」。投信定期定額是一種在每月固定時間，自動從帳戶提取固定金額來購買投資信託的服務。透過這項服務，我們就可以在每個月以固定金額持續投資。累積型ＮＩＳＡ也是使用相同機制。

建議將定期定額的時間設定在發薪日的第二天，這樣就能避免餘額不足導致無法扣款的狀況發生。至於金額，即使只是小額的５００或１０００日圓都可以。

當你發現自己能夠淡然地維持投資規律，就是一件值得驕傲的事。

250 利用故鄉納稅制度

「我知道故鄉納稅制度，但總覺得很複雜，所以一直拖延，沒有開始利用。」，相信有不少人都有相同的想法。

但凡是有在工作的人，都應該好好利用故鄉納稅制度。因為只需要負擔２０００日圓，就能支援你的故鄉或喜歡的地區，同時還能從這些地方取得肉品、

米糧、水果、海產等特產作為回禮。此外，次年的住民稅與所得稅也會根據捐款金額獲得部分減免。（編註：此為日本獨有社會福利制度）

已經在利用故鄉納稅制度的人，大部分感想都是：「覺得自己以前沒有利用真是太可惜了！」、「可以吃到好吃的特產，還能節稅，根本一舉兩得！」等正面回應。

建議上網搜尋「故鄉納稅簡單模擬試算」，查詢自己的捐款上限。我家現在就是透過故鄉納稅取得整年份的白米，而且還可註記要求每月配送，在家庭預算管理上獲得很大的幫助。

251 投資是對未來寄予希望的行為

投資是對未來的自己寄予希望。利用自己現有的力量，期待在未來能夠帶來回報。就這層意義而言，我認為每一個人都應該投資。投資的標的不光是金錢，還包括時間、勞力、知識與愛情。在你認定的標的播下種子，或許終有一天會盛開成碩大的花朵。

然而，並非所有事物都會如預期發展。期待可能落空，也可能失敗。儘管如此，對未來的自己抱有期待，依舊是件令人樂此不疲的事。仔細想想「自己期待什麼」、「希望在未來獲得什麼」，或許就能找出你想投資的標的。

252 可以投資與不該投資的標的

我敬重的理財高手總是將心力投資在提高自己「付出的力量」，因為他們認為從中得到的回報比其他任何事都來得更大。因此，在培養某種能力時，他們不僅會考慮自己學習的動力，也會思考習得後可以為他人提供什麼幫助。

取得資格後，可以為他人提供哪些服務？努力學習後，可以為人們帶來多少好處？如果想像

不出答案，那或許就不是一件值得你投資的事物。

付出的力量越強大，回收的金錢就越多。當你利用自己的能力為世界做出貢獻時，其他人會很樂意支付金錢作為回報。

投資可能需要一段時間才會產生金錢上的收益，這時不妨一面描繪自己為他人付出的景象，持續鼓勵自己放眼未來。

253 投入資金後，放鬆心情靜待成果

自我投資時，最重要的是放鬆心情，靜待成果。

神奇的是，願望通常會在我們開始對自己產生堅定信任的那一刻實現。「感覺一定會成功！」、「不知道為什麼，我覺得一定沒問題！」、「可以想像到未來的模樣！」……這是一種你對自己的信任，也可以說是你終於發覺自己天生擁有的潛能。

然而，這種信任有時也會搖擺不定。尤其在自我投資了一段時間，卻依舊不見任何變化的時候。你會開始自我懷疑「難不成是我不行嗎？還是我做錯了

嗎？」，自行摧毀對自己的信任。

但各位要知道，自我投資開花結果的時機，並不在我們的掌控之中。時機的安排是在超乎我們想像之外的地方進行。俗話說：「盡人事，聽天命。」，如果你已經盡了最大的努力，接著就是放鬆心情，靜待成果。

254 具體寫下未來目標和希望實現的時間與金額

既然對未來的自己有所期待，那就盡可能清楚地描繪心目中理想的未來。如果渴望的是金錢，你希望擁有多少？如果渴望的是獲得「給予的力量」，你希望在何時獲得，又希望幫助多少人？請試著寫下具體的數字、日期和目標。如果不知道自己想往何處去，我們就只會停留在原地。所以哪怕一年一次也好，用照片、圖畫或文字明確地描繪出你的願望吧！

結語

由衷地感謝各位閱讀到最後。在閱讀過程中，你有發現自己「或許可以做到」的好習慣嗎？

本書總共介紹了254個好習慣，如果你打算一口氣全部嘗試，很可能會因為做不到而忍不住苛責自己。所以，不需要抱著全部都得做到的決心，只要以「一次培養一種習慣」的方式開始，相信一定就能辦到。

「今天先準備好『簡易便箋』，再來去買菜吧！」

「今天來試著列列看『重要事項清單』！」

透過經年累月的累積，這些小小習慣終將產生滴水穿石的巨幅改變，照亮你的未來。

現在有沒有錢，其實並不是那麼重要。

重要的是，拋開你對金錢的焦慮感和消極的負面想法，勇敢踏出你力所能及的那一步。

希望你能透過本書，找出最適合自己的理財方式。
願你笑口常開、永遠開心。記得凡事不必力求完美。
祝福你在成為理財高手的路上一切順利。

市居　愛

讓錢流向你的
原子習慣

12堂致富課，日常生活×投資理財×育兒養老，
教你如何規劃人生各階段，超輕鬆存錢術

作者市居愛
插畫徳丸ゆう
譯者林姿呈
主編林昱霖
責任編輯唐甜
封面設計徐薇涵 Libao Shiu
內頁美術設計董嘉惠

執行長何飛鵬
PCH集團生活旅遊事業總經理暨社長李淑霞
總編輯汪雨菁
行銷企畫經理呂妙君
行銷企畫主任許立心

出版公司
墨刻出版股份有限公司
地址：115台北市南港區昆陽街16號7樓
電話：886-2-2500-7008／傳真：886-2-2500-7796／E-mail：mook_service@hmg.com.tw
發行公司
英屬蓋曼群島商家庭傳媒股份有限公司城邦分公司
城邦讀書花園：www.cite.com.tw
劃撥：19863813／戶名：書虫股份有限公司
香港發行城邦（香港）出版集團有限公司
地址：香港九龍土瓜灣土瓜灣道86號順聯工業大廈6樓A室
電話：852-2508-6231／傳真：852-2578-9337／E-mail：hkcite@biznetvigator.com
城邦（馬新）出版集團 Cite (M) Sdn Bhd
地址：41, Jalan Radin Anum, Bandar Baru Sri Petaling, 57000 Kuala Lumpur, Malaysia.
電話：(603)90563833／傳真：(603)90576622／E-mail：services@cite.my
製版・印刷漾格科技股份有限公司
ISBN978-626-398-078-5・978-626-398-077-8（EPUB）
城邦書號KJ2103 **初版**2024年11月
定價380元
MOOK官網www.mook.com.tw
Facebook粉絲團
MOOK墨刻出版 www.facebook.com/travelmook

Interior illustration by Yu TOKUMARU
Interior design by EVERYTHINK Co., Ltd.
First original Japanese edition published by PHP Institute, Inc., Japan.
Traditional Chinese translation rights arranged with PHP Institute, Inc.
through Bardon-Chinese Media Agency.
This Complex Chinese edition is published by Mook Publications Co., Ltd.

國家圖書館出版品預行編目資料

讓錢流向你的原子習慣：12堂致富課,日常生活x投資理財x育兒養老,教你如何規劃人生各階段,超輕鬆存錢術/市居愛作；林姿呈譯. -- 初版. -- 臺北市：墨刻出版股份有限公司出版：英屬蓋曼群島商家庭傳媒股份有限公司城邦分公司發行, 2024.11
256面；14.8×21公分. -- (SASUGAS；KJ2103)
譯自：超ズボラな人でも毎月3万円貯まる!「お金じょうずさん」の小さな習慣
ISBN 978-626-398-078-5(平裝)
1.CST: 個人理財 2.CST: 投資 3.CST: 生活指導
563 113013920